문화문고 025

경전으로 본 세계종교

유교

이기동 편저

傳統文化研究會

경전으로 본 세계종교

경전으로 본 세계종교
문화문고 유 교 정가 10,000원

2016년 8월 16일 초판 인쇄
2016년 8월 20일 초판 발행

편 저 이기동

편 집 남현희
교 정 박상수 전병수
출 판 김주현
관 리 함명숙
보 급 서원영

발행인 이계황
발행처 (사)전통문화연구회
서울시 종로구 삼일대로 428 낙원빌딩 411호
전화 : 02-762-8401 전송 : 02-747-0083
사이버書堂 : cyberseodang.or.kr
온라인서점 : book.cyberseodang.or.kr
전자우편 : juntong@juntong.or.kr
등 록 : 1989. 7. 3. 제1-936호
인쇄처 : 한국법령정보주식회사(02-462-3860)
총 판 : 한국출판협동조합(070-7119-1750)

ISBN 979-11-5794-109-4 04140
978-89-91720-76-3(세트)

임 원

간행사

본회는 한국고전의 연구와 번역의 선결과제先決課題로, 동양고전의 협동연구번역과 on-off라인을 통한 교육을 해온 지 20여 년이 되었다. 이는 우리의 역사歷史와 문화文化를 깊이 이해하기 위하여 동양의 역사와 문화를 총체적으로 조명하여야 한다는 취지에서이다.

그런데 동서양 고전에 대해서 그 중요성은 인정하고 있지만, 특히 한국과 동양의 한문고전은 지식인이나 일반인은 물론 전문가조차 해독하기 어려워 일본이나 중국의 번역본을 중역하는 상황이었고, 동양고전은 현대화가 늦어져 이제야 본격적인 작업을 하고 있다.

오늘날 사세의 교류가 긴밀히 이루어지면서 세계가 하나로 되는 상황에 이르러, 우리 국민의 역사·문화 의식이 한국에서 동양으로, 또 세계로 지향해야 하는 시급한 시대가 다가왔다.

그러나 세계로의 지향이 서구화의 다른 이름이고 우리로서는 허상일 수 있음을 주의해야겠지만, 우리와 동양의 자주성과 자존의 아집도 경계하여 새로운 그 무엇을 그려내야 할 것이다. 이를 위해서는 일차적으로 한韓·중中·일日이 삼국양립三國兩立에서 발전하여 삼국정립三國鼎立을 이룸으로써, 치욕의 역사에서 벗어나 안정과 발전의 기반을 마련해야 할 것이다.

본회는 이러한 상황에서 1차적인 준비로 '동양문화총서'를 몇

권 간행한 바 있으나, 이 계획의 충실을 기하기 위해서는 한 손에는 연구, 다른 한 손에는 보급이라는 과제를 좀더 확실히 해결하지 않으면 안 된다. 이러한 문화 보급의 취지에서 앞으로 국민의 전체적인 수준 향상을 위하여 '사서四書'의 문고화를 시작으로, 우리와 동양에서부터 서양의 고전과 인물과 문화에 관한 '문화문고' 간행의 출발점으로 삼고자 하는 것이다.

대체로 문고는 연구서에 비하면 2차적 작품이므로, 해석과 주석 등을 본문에 녹여서 중등학생 수준의 독자가 읽어서 이해되도록 하려고 한다. 그러나 특수한 분야나 전문적인 것도 필요한 것이다. 또한 시대에 부응하여 편리하며 염가로 읽힐 수 있는 '전자출판'도 겸행할 예정이다.

구미歐美의 유명한 문고본이 끼친 세계 문화적 영향이나, 이웃 일본의 교양과 지식이 이와나미문고岩波文庫에서 나왔다는 사실을 기억해야겠다. 우리나라의 문고본은 그간 부침浮沈이 있었으나, 여러분의 서가에도 상당수 있듯이 그 공헌은 인정하지 않을 수 없다.

앞으로 우리는 동양고전의 번역 및 교육사업과 함께 통섭적統攝的 방법으로, 국가경쟁력을 키우고 문예부흥을 개막하는 계획의 꿈도 이루기 위하여 지혜를 모아 헌신할 것을 다짐하며, 이에 각계의 관심과 지원을 기대한다.

전통문화연구회 회장 이계황

이 책에 대하여

몇 년 전에 전통문화연구회에서 간행한 《경전으로 보는 세계종교》 속에 필자는 유교儒教에 대해 집필을 했었는데, 지금 그 원고를 약간 손질하여 다시 단행본으로 출간하자는 제의를 받았다. 당시에는 시간에 쫓기기도 했고, 타 종교와 균형을 고려한 집필요령에 맞추어 집필하다 보니 다소 어색한 부분도 없지 않았다. 그런 점들을 이번에 대폭 손질을 했다.

유교를 두고 종교인가 아닌가 하는 논란은 지금도 매우 예민한 논란거리로 되고 있다. 필자도 많은 사람들에게 유교의 종교성에 대해 질문을 받는다. 그럴 때마다 필자는 다음과 같은 내용의 답변을 한다. 종교, 철학, 윤리학, 정치학, 교육학, 경영학, 경제학 등으로 분류하는 것은 근대의 유럽에서 생겨난 것이다. 본래는 그런 분류법이 없었다. 종교가 지배하던 유럽의 중세에도 그런 분류법은 없었다. 중세의 기독교는 종교이기도 하고, 철학이기도 했다. 윤리학, 정치학, 교육학, 경제학 등이 다 포함되어 있었다. 그러던 것이 르네상스 이후의 분류법에 따라 종교의 영역으로 편입되고 말았다.

유교도 예외가 아니다. 원래 유교는 종교적인 요소, 철학적인 요소, 윤리학 적인 요소 등이 모두 포함되어 있다. 그렇기 때문에 유교는 종교라 해도 되고, 철학이라 해도 된다. 윤리학이라 해도 되고 정치학이라 해도 된다. 물론 교육학이라 해도 되고, 경영학이라 해도 된다.

유교를 유학儒學이라고도 하고, 유도儒道라고도 한다. 유교라는 이름은 가르치는 면을 강조하여 붙인 것이고, 유학이라는 이름은 배우는 면을 강조하여 붙인 것이며, 유도라는 이름은 실천하는 면을 강조하여 붙인 이름이다.

전에 원고를 썼을 때의 필자의 이해와 지금의 이해는 상당한 차이가 있다. 이번의 원고는 그 차이만큼 수정을 했다.

끝으로 경전經典의 번역은 기존의 번역들을 많이 참고했으며, 특히 《예기禮記》의 번역은 홍신문화사에서 간행한 권오돈의 번역을 주로 참고했으며, 거의 그대로 옮긴 것도 많다. 또 《소학小學》의 번역은 홍신문화사에서 간행한 이기석의 번역을 주로 참고했으며, 거의 그대로 옮긴 것도 많다는 것을 밝힌다. 일일이 주를 달아 밝히지 않은 것은 번거로움을 피하기 위해서였다. 독자 여러분의 너그러운 이해를 바란다.

2015년 1월

오륜동 서재에서 이기동 씀

일러두기

1. 본서는 동서양東西洋의 중요한 고전古典, 인물人物, 문화文化에 관한 모든 국민의 교양도서로, 미래 한국의 양식良識 기반을 구축하기 위한 문화문고文化文庫이다.
2. 본서는 《경전으로 본 세계종교》(전통문화연구회, 2001) 〈유교〉를 문고 형태에 맞게 개고改稿하였다.
3. 본서의 체제는 《경전으로 본 세계종교》의 체제를 따랐으며, 각 항목과 그에 대한 설명을 일부 수정하거나 보충하였다.
4. 이해가 어려운 부분은 가급적 의역意譯 또는 보충역을 함으로써 주석註釋은 최소화하였다.
5. 고유명사와 용어 및 주요 어휘는 독자의 문장 이해를 위하여 한글과 한자漢字를 병기하였다.
6. 맞춤법과 띄어쓰기는 한글 맞춤법과 표준어 규정을 따르는 것을 원칙으로 하였다.
7. 독자의 이해를 돕기 위해 해당 내용에 관련된 각종 도판圖版 자료를 수록하였다.
8. 본서에 사용된 주요 부호符號는 다음과 같다.

   " ": 대화, 인용

   ' ': 재인용, 강조

( ) : 간단한 주석註釋

〔 〕: 번역문의 원문原文

《 》: 서명書名

〈 〉: 편장명篇章名, 작품명作品名, 보충역

목 차

간행사

이 책에 대하여

일러두기

제1장 유교 개요 / 19

1. 유교儒教의 연원淵源과 성립 / 21

2. 유교儒教의 성격과 내용 / 25

1) 소학小學 / 26

2) 대학大學 / 27

3. 유교의 전개와 전망 / 32

제2장 궁극적 실재 / 39

1. 상제上帝 / 43

2. 천天 / 45

3. 도道 / 54

4. 명命 / 56

5. 성性 / 57

6. 인의예지仁義禮智 / 60

7. 사단四端 / 61

8. 태극太極 / 63

9. 음양陰陽 / 64

10. 오행五行 / 65

제3장 세계의 창조와 종말 / 67

1. 세계의 창조創造 / 70

2. 세계의 운행運行 / 74

3. 종말終末 / 85

제4장 인간관, 종교적 체험 / 93

1. 종교적 체험 / 96

2. 성인聖人 / 98

3. 현인賢人 / 99

4. 인자仁者 / 100

5. 지자知者 / 101

6. 군자君子 / 102

7. 소인小人 / 104

8. 인격人格의 단계와 종류 / 106

제5장 수행 / 109

1. 입지立志 / 112

2. 수행의 내용 / 117

1) 학문學問 / 117
2) 수신修身, 수도修道 / 119
3) 정심正心 / 120
4) 성의誠意 / 120
5) 지경持敬 / 122
6) 격물格物·치지致知 / 123
7) 효제孝悌 / 124
8) 충서忠恕 / 125
9) 예禮 / 126
10) 악樂 / 128
11) 역易과 점占 / 130
12) 반성反省과 기도祈禱 / 132
13) 인仁 / 135
14) 확충사단擴充四端 / 136
15) 양기養氣 / 137

3. 수행의 과정 / 139

제6장 의례 / 143

1. 통례通禮 / 146

1) 사당祠堂을 세운다 / 147

2) 심의深衣를 만든다 / 148

2. 관례冠禮 / 150

1) 관례冠禮 / 150
2) 계례笄禮 / 153

3. 혼례婚禮 / 154

1) 의혼議婚 / 154
2) 납채納采 / 155
3) 납폐納幣 / 156
4) 친영親迎 / 156
5) 부현구고婦見舅姑(신부가 시부모를 뵙는 것) / 157
6) 묘현廟見(사당에 뵙는 것) / 157
7) 신랑이 처부모를 뵙는다 / 158

4. 상례喪禮 / 159

1) 초종初終 / 159
2) 목욕沐浴, 습襲, 전奠, 위위爲位, 반함飯含 / 160
3) 영좌靈座, 혼백魂帛, 명정銘旌 / 162
4) 소렴小斂, 단袒, 괄발括髮, 문免, 좌髽, 전奠, 대곡大哭 / 163
5) 대렴大斂 / 163
6) 성복成服 / 165
7) 조석곡전朝夕哭奠, 상식上食 / 167
8) 조문吊問, 전奠, 부의賻儀 / 167
9) 문상聞喪, 분상奔喪, 치장治葬 / 168
10) 천구遷柩, 조조朝祖, 전奠, 부賻, 진기陳器, 조전祖奠 / 168

11) 견전遣奠 / 169
12) 발인發靷 / 169
13) 급묘及墓, 하관下棺, 사후토祀后土, 제목주題木主, 성분成墳 / 170
14) 반곡反哭 / 173
15) 우제虞祭 / 173
16) 졸곡卒哭 / 173
17) 부祔(조상의 사당에 신주를 모시는 것) / 174
18) 소상小祥 / 174
19) 대상大祥 / 175
20) 담제禫祭 / 175

5. 제례祭禮 / 179

1) 사시제四時祭 / 181
2) 초조初祖 / 181
3) 선조先祖 / 182
4) 네禰(아버지 사당) / 182
5) 기일忌日 / 182
6) 묘제墓祭 / 183

제7장 개인윤리와 이상적 삶 / 189

1. 개인윤리 / 192

1) 도道 / 193
2) 덕德 / 193
3) 인仁 / 194

4) 의義 / 196
5) 예禮 / 198
6) 지知 / 205
7) 효孝 / 205
8) 제悌 / 211
9) 충忠과 서恕 / 213
10) 신信 / 213
11) 중용中庸 / 213
12) 권도權道 / 215

2. 이상적 삶 / 216

제8장 사회윤리와 이상적 사회 / 223

1. 사회윤리 / 225
1) 부자유친父子有親 / 227
2) 군신유의君臣有義 / 233
3) 부부유별夫婦有別 / 234
4) 장유유서長幼有序 / 236
5) 붕우유신朋友有信 / 238

2. 이상적 사회 / 239
1) 제가齊家 / 240
2) 치국治國 / 241
3) 평천하平天下 / 242

제9장 창시자 / 245

1. 요堯 / 247
2. 순舜 / 250
3. 우禹 / 254
4. 탕湯 / 255
5. 문왕文王 / 260
6. 무왕武王 / 266
7. 주공周公 / 272
8. 공자孔子 / 279

제10장 공동체 / 297

1. 가정家庭 / 300
2. 향약鄕約 / 303
3. 국가 / 304
4. 세계 / 306

〔부록〕 도판 목록 / 309

제1장

유교 개요

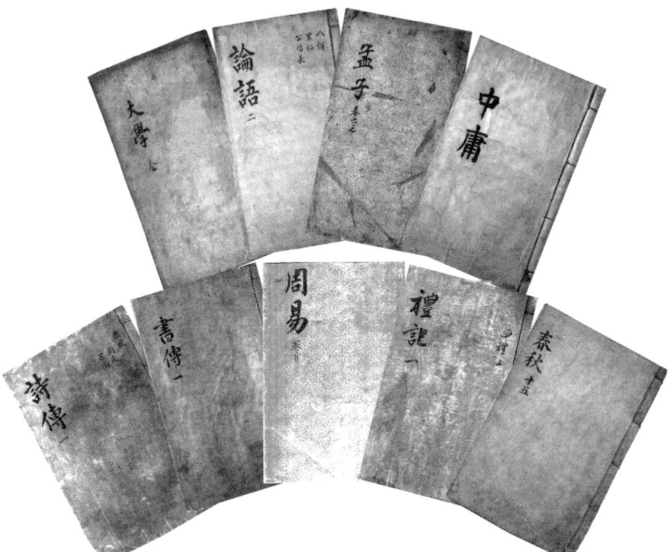

사서오경四書五經

1. 유교儒敎의 연원淵源과 성립

공자孔子

유교는 공자孔子가 창시한 것이 아니라 고대에서부터 내려온 훌륭한 사상들을 공자가 종합하고 정리하여 체계화한 것이다. 그러므로 유교를 제대로 이해하기 위해서는 유교문화 성립의 원류가 되었던 고대문화를 고찰하지 않으면 안 된다.

신석기시대로 접어들면서 동아시아 대륙에는 검은색의 도기陶器가 사용되던 지역의 문화권인 흑도黑陶문화권과 채색된 도기가 사용되던 지역의 문화권인 채도문화권彩陶文化圈의 양대문화권이 형성되었다. 흑도문화권은 평양에서 요동반도를 거쳐 산동반도에 이르는 광범위한 지역에 위치하고 있었고 채도문화권은 황하黃河 상류에서 중류에 이르는 서부지역에 위치하고 있었다. 따라서 흑도문화권을 동부문화권, 또는 동이東夷문화권이라고도 하고 채도문화권을 서부문화권이라고도 한다.

동부문화의 특징은 종교성이 강하여 하늘을 숭상하며, 인간의 모든 일을 결정할 때 하늘의 뜻을 묻는 점법占法이 발달했으며 소박하고 순일한 것을 좋아하며, 합일성과 통일성을 추구하는 것 등인데, 이러한 동이문화의 특징을 한 마디로 표현하면 인仁의 문화라고 할 수 있다. 인仁은 인人의 마음씨를 말하고, 인人은 원래 동이족을 지칭하는 고유명사였다. 사람은 마음과 몸의 두 요소로 이루어져 있는데, 마음은 하늘로 연결하고 몸은 땅으로 연결하는 전통적 사고방식에서 본다면 동이족이 하늘을 숭상한다는 것은 마음을 중시하는 정신지향성이 강하다는 것을 의미한다. 몸은 각각 독립된 개체로 존재하지만 마음의 본질은 사람들에게 공통적으로 존재하므로 몸을 중심으로 파악하는 사람들에게는 남과 나를 구별하는 분별력이 발달하지만 마음을 중시하는 사람들에게는 남과 나를 하나로 파악하는 일체감이 발달한다. 남과 나를 하나로 파악하는 정서에서는 남의 어려움을 나의 어려움으로 여겨서 동정하고, 남의 일을 나의 일처럼 돌보는 인도주의 정신이 발휘되기도 하지만, '남의 것'을 '나의 것'으로 생각함으로써 의타심依他心이 발휘되기도 하는데, 공자孔子는 이 중에서 전자의 경우만을 인仁이라고 하였다.

한편 서부문화의 특징은 인간의 육체적 존재를 바탕으로 남과 나를 철저히 구별하는 구별의식이 발달한다는 것이다. 남과 나를 구별하게 되면 남과 나의 역할과 입장을 명석하게 구별하므로 자신의 역할을 강조하고 주체성과 책임의식이 발달하는 반면 남이 곤경에 처하더라도 냉담하고 몰인정한 반응을 보이기 쉽다. 공자는 이 중에서 전자를 지知라고 하였다.

인仁으로 대표되는 동이족의 정신문화가 중원으로 나아가 서부의 지적知的인 문화와 충돌하여 한동안 혼란한 시기를 거친 뒤 서로 조화를 이루는 새로운 사상이 발생하였는데, 그것이 중용中庸사상이다. 중용이란 서로 다른 두 요소를 통합하여 조화를 이루는 것을 말한다. 따라서 중용이란 인仁의 문화와 지知의 문화가 평면적으로 단순히 결합하는 것이 아니다. 어디까지나 인의 문화가 뿌리가 되고 지의 문화가 지엽이 되며, 인의 문화가 핵심이 되고 지의 문화가 표피가 됨으로써 하나의 체계로 조화를 이루는 상태가 되는 것이 중용이다.

사람이 정신적인 삶에만 치중하면 현실적인 분별력이 부족하여 혼란이 일어날 수 있으며, 육체적인 삶에만 치중하면 남과 끝없는 경쟁을 벌이게 되므로 갈등이 일어난다. 그러나 지상에서 각각 독립적인 개체로 보이는 대나무가 지하에서 서로 연결되어 있는 것처럼, 육체적으로 보면 각각 독립된 삶을 영위하고 있는 인간존재도 마음의 세계에서는 서로 하나로 연결되어 있다. 따라서 정신적 삶을 바탕으로 한 상태에서 육체적 삶을 영위하면, 본질적으로는 남과 '하나됨'을 바탕으로 하면서, 현실적으로는 각자의 고유한 삶을 독립적으로 영위하게 되어, 개인의 삶과 사회의 질서가 모두 조화를 이루게 될 것이다. 이러한 상태가 중용이다.

중용을 최초로 주창한 사람은 요堯와 순舜이다. 요순시대는 중용이 실현된 이상적인 시대였다. 요순시대는 모두의 '하나됨'이 실현된 사회라는 의미에서 '대동사회大同社會'라고 부르기도 한다. 대동사회에서는 각자가 고유한 직업을 가지고 다양하게 살아가지만 근본적으로 서로 남이라는 의식을 갖지 않기 때문에 모든 사람들이 조화를 이룬다. 마치 국가國家가 하나의 가정家庭처럼 되는 것이다. 사람들이 모두 한마음이 되면 자신이 대표자가 되려 하지 않고, 자기에게 이익을 주는 사람을 대표로 삼으려 하지도 않으며, 오직 전체의 입장에서 판단하여 적임자를 대표로 삼으려 할 것이다. 그러므로 임금이 자기의 아들에게 자리를 물려주지 않고 현명한 자에게 물려주는 것이 대동사회의 특징이다. 요堯가 동이족東夷族인 순舜에게 선위禪位하였고, 순舜이 서부족인 우禹에게 선위하였을 때는 동부문화와 서부문화가 조화를 이루어 대동사회가 지속되었다.

그런데 우禹는 동이족에게 선위하지 않고 자기의 아들에게 제위帝位를 전하였다. 그리하여 서부문화에 의한 정치가 지속되자 동이족이 소외되어서 대동사회가 무너졌다. 동이족의 불만이 극에 달하자 동이족인 탕湯이 나타나 불만세력을 규합하여 우가 세운 하夏를 멸망시키고 은殷을 세워 불만을 해소시켰다. 그러나 탕이 다시 자기의 아들에게 제위를 전하자 이번에는 다시 서부족의 불만이 팽배하기 시작하였으므로 결국 서부족인 무왕武王이 출현하여 은을 멸망시키고 주周나라를 건국하여 불만을 해소시켰다. 이러한 역사를 보면 하·은·주 삼대는 불만이 해소되기도 하고 팽배하기도 하였던 시대인데, 유교에서는 이 시대를 대동사회와 구별하여 소강사회小康社會라 한다.

주대에는 철기가 발명되어 전쟁의 규모가 커지고 방법이 잔혹해졌으므로 동이족의 반발과 서부족인 주周의 탄압도 전보다 정도가 심하였다. 동이족들은 더 이상 정치적 주도권을 획득하지 못하였고, 때문에 동부문화가 차츰 말살됨으로써 조화를 이루지 못하고 혼란이 극에 달하였다. 이러한 시대를 춘추전국시대春秋戰國時代라 한다. 춘추전국시대에는 너무나 혼란하였기 때문에 수많은 사상가가 출현하여 각각 혼란을 극복할 수 있는 다양한 이론들을 제시하였다. 그중에서 가장 대표적인 사상가가 공자이고, 중용철학을 핵심으로 한 공자의 가르침이 바로 유교儒敎이다.

2. 유교儒敎의 성격과 내용

유교는 공자의 가르침을 말하는데, 배우는 입장에서는 유학儒學이라 하고, 실천하는 입장에서는 유도儒道라고도 한다. 유교사상의 핵심은 인간의 정신적 삶과 육체적 삶의 조화를 추구하는 중용사상이다. 사람의 중용적 삶은 이상적·정신적 삶을 바탕으로 하여 현실적·육체적 삶을 영위함으로써 가능하지만, 그것을 터득하는 방법은 먼저 현실적·육체적 삶을 확보하고 다음으로 이상적·정신적 삶을 확립하여 하나의 체계로 융합하는 것이다.

현실적·육체적 삶을 확보하기 위해서는 의·식·주 등 삶의 기본조건들을 구비하고 인간사회에서 형성되는 복잡한 인간관계를 원만하게 유지하여야 하며, 이상적·정신적 삶을 확립하기 위해서는 먼저 자신의 정신적 본질을 인식하여 밝힌 뒤에 그것을 실천하여야 한다.

전자에 해당하는 것을 하학下學, 형이하학形而下學 또는 소학小學이라 하고, 후자에 해당하는 것을 상달上達, 형이상학形而上學 또는 대학大學이라 한다. 그러므로 유학은 하학하고서 상달하는 학문, 형이하학을 하고서 형이상학을 하는 학문, 또는 소학을 하고서 대학을 하는 학문이라 정의할 수 있다.

1) 소학小學

육체적 삶과 육체적 삶에 필요한 조건을 충족하기 위한 학문이 모두 소학이다. 의학, 약학, 농학, 건축학, 의상학, 경제학, 경영학, 무역학, 자연과학, 법학, 문자학, 윤리학 등등이 모두 소학에 해당하지만, 유학에서 다루는 소학의 내용은 주로 문자학과 윤리학이다.

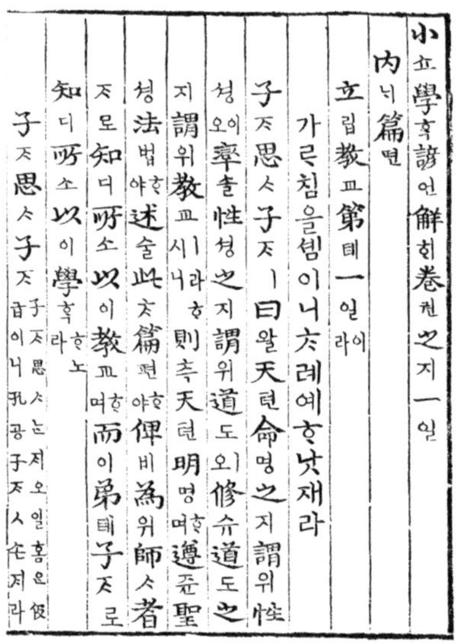

《소학언해小學諺解》

상고시대부터 소학을 가르치던 학교와 대학을 가르치던 학교는 분리되어 있었다. 순임금시대의 하상下庠과 상상上庠, 하대의 서서西序와 동서東序, 은대의 좌학左學과 우학右學, 주대의 우상虞庠과 동교東膠가 그것이나. 중국 송대宋代에는 주자朱子와 유자징劉子澄에 의하여 소학에서 가르치던 내용이 《소학》이란 책으로 편찬되었다. 《소학》은 어린이의 예절교육을 위하여 편찬된 것으로 그 내용은 내편과 외편으로 나누어 내편에서는 교육의 정의와 윤리의 내용, 몸가짐의 방법을 다루고, 외편에서는 예절교육에 관한 옛사람들의 훌륭한 말씀과 예절교육에 모범이 되는 실례들을 열거하였다.

2) 대학大學

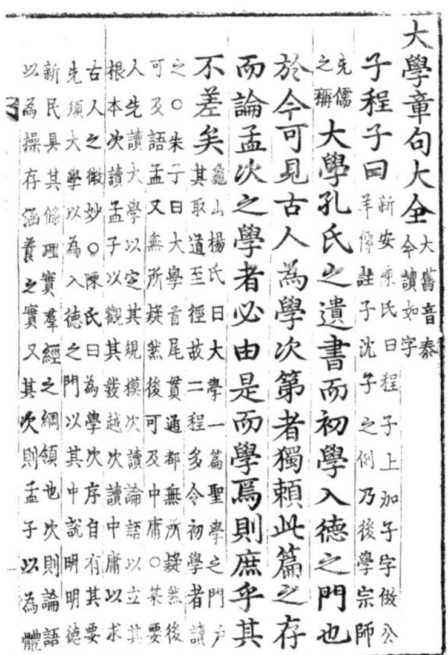
大學章句大全 大舊音泰今讀如字

子程子曰 新安陳氏曰程子上加子字倣公羊傳註子沈子之例乃後學宗師先儒之稱 大學孔氏之遺書而初學入德之門也於今可見古人爲學次第者獨賴此篇之存而論孟次之學者必由是而學焉則庶乎其不差矣 龜山楊氏曰大學一篇聖學之門戶其取道至徑故二程多令初學者讀之○朱子曰大學首尾貫通都無所疑然後可及語孟又無所疑然後可及中庸○某要人先讀大學以定其規模次讀論語以立其根本次讀孟子以觀其發越次讀中庸以求古人之微妙○陳氏曰爲學次序自有其要先須大學以爲入德之門其中說明明德新民具其條理實羣經之綱領也次則論語以爲操存涵養之實又其次則孟子以爲體

《대학장구대전大學章句大全》

대학의 내용은 《대학》이라는 책에 나오는 삼강령三綱領과 팔조목八條目으로 대표할 수 있다. 삼강령이란 '명명덕明明德', '친민親民', '지어지선止於至善'의 세 강령을 말하고, 팔조목이란 '격물格物', '치지致知', '성의誠意', '정심正心', '수신修身', '제가齊家', '치국治國', '평천하平天下'의 여덟

조목을 말한다. 팔조목은 삼강령을 세분한 것이다. 삼강령 중 '명명덕'은 자기를 완성하는 것이고 '친민'은 타인을 완성하는 것이며, '지어지선'은 자기와 타인 모두를 완성함으로써 도달되는 최고의 단계이다. 그리고 팔조목 중 '격물', '치지', '성의', '정심', '수신'은 삼강령의 '명명덕'에 해당하고 '제가', '치국'은 '친민'에 해당하며, '평천하'는 '지어지선'에 해당한다.

'명명덕'이란 '명덕明德을 밝힌다.'는 의미이다. 덕德은 자기의 본성을 왜곡함이 없이 있는 그대로 실현할 수 있는 마음의 능력을 말한다. 사람의 본성은 마음속에 존재하는 '삶의 의지'이며 '생명의 원천'이다. 모든 사람이 이 본성을 공동으로 가지고 있으므로 이 본성은 개별적인 동시에 전체적이다. 이 전체성을 가리켜 천명天命이라고도 한다.

따라서 덕이 있어 본성을 실천하고 천명을 따르는 사람은 전체의 차원에서 개체적인 삶을 영위할 수 있다. 덕이 있는 사람의 삶의 내용은 모든 것을 전체적인 입장에서 판단하여 남과 경쟁하지 않고 화합하므로 긴장이 없이 느긋하다. 남을 나처럼 사랑하므로 그 때문에 남에게 사랑과 도움을 받는다. 그러므로 덕이 있는 사람은 하는 일마다 성공한다. 덕이 있는 사람은 인류 전체의 입장에서 판단하기 때문에, 개체가 늙는 것은 전체의 자람이고, 개체가 병들어 죽는 것은 전체의 삶의 방식임을 안다. 따라서 덕이 있는 사람은 자기 몸의 늙음을 기쁨으로 맞을 수 있고, 자기 몸의 죽음을 희망사항으로 받아들인다. 약육강식弱肉强食의 투쟁 장소인 이 세상이 전체적으로 보면 그것이 바로 조화를 유지하는 방법임을 알기 때문에 비극으로 보이던 이 세상이 낙원임을 안다.

덕이 있는 사람은 느긋한 마음으로 건강하게 살며, 하는 일마다 성공하며, 기쁨과 희망이 충만한 낙원에서 행복하게 살아가는 사람이다. 그러므로 《대학》에서는 덕을 표현할 때 '밝은'이란 수식어를 사용하여 '밝은 덕'이라 하였다.

그런데 대부분의 사람은 성장하면서 생겨난 욕심에 빠져 이 밝은 덕을 상실한다. 사람은 육체적으로 성장하면서 생각하고 계산하는 능력이 발달하는데, 이 생각하고 계산하는 능력이 자기중심적이고 이기적인 방향으로 작용하는 데서 욕심이 생겨난다. 예를 들어 지하수가 솟아날 때 진흙이 섞여들어 흙탕물이 되는 경우에 비유한다면, 지하수는 본성에 해당되고, 진흙은 이기적으로 작용하는 생각이나 계산에 해당되며, 흙탕물은 욕심에 해당된다.

사람이 욕심을 따라 행동하고 본성을 따르지 못하게 되면 사람의 삶은 전체적·정신적 삶에서 벗어나 개체적·육체적 삶으로 전락한다. 개체적·육체적 삶으로 전락하여 욕심에 지배되는 삶을 사는 사람은 전체성을 망각하고 개체적인 입장에서 늘 남들과 경쟁하면서 살기 때문에 덕이 있는 사람과 정반대의 삶을 살게 된다. 건강하지 못한 몸으로 남들과의 끝없는 경쟁 속에서 계속 긴장하며, 하는 일마다 실패를 되풀이하며, 고통과 절망이 가득한 비극의 장소에서 불행하게 살아가는 것이다.

그러므로 육체적인 삶을 영위하는 사람들에게는 불행한 삶을 극복하고 행복한 삶을 되찾아야 하는 과제가 부여된다. 행복한 삶은 육체적 삶을 극복하고 전체적·정신적 삶을 회복함으로써 가능하므로 욕심에 빠져 상실하였던 밝은 덕을 다시 밝히는 것, 즉 '명명덕明明德'을 통하여 얻을 수 있다.

'명명덕'은 '수신修身'으로 구체화된다. 몸을 닦아 욕심을 따르지 않고 본성을 실천하고 천명을 따를 수 있어야 밝은 덕이 발휘되기 때문이다. 그런데 몸속에 욕심이 가득하면 몸이 욕심을 따르지 않으려야 않을 수 없으므로 '수신'의 근본 방법은 몸속의 욕심을 제거하고 본성에서 발휘되는 바른 마음으로 채우는 데 있다. 그것을 《대학》에서는 '정심正心'이라는 말로 표현한다.

'정심'의 방법에는 크게 두 가지가 있다. 하나는 본성에서 발휘되는 순수한 마음을 확충하는 방법이고, 다른 하나는 욕심이 생겨나는 원인을 제거하는 방법이다. 전자에는 순수한 마음을 성실하게 붙드는 '성의誠意'의 방법이 있고, 후자에는 순수한 마음이 발휘되는 순간에 아예 생각이나 계산을 하지 않도록 경건한 마음을 유지하는 '지경持敬'의 방법이 있다. 가만히 앉아서 마음을 비우는 정좌법靜坐法이나 마음을 집중하는 경공부敬工夫 등이 모두 '지경'의 방법에 속한다. 《대학》에서는 '성의'와 '지경'의 두 방법을 '성의' 하나로 묶어서 설명하였다.

'성의'와 '지경' 외에도 본성을 실천하고 천명을 따를 수 있는 더욱 적극적인 방법은 사람의 본성을 직접 파악하여 실천하는 '지성知性'의 방법이 있다. 본성은 자기의 마음속 깊숙한 곳에 있으므로 알기 어렵다. 그러므로 《대학》에서는 다른 사람이나 다른 물건에 나아가 그 속에 있는 본성을 인식하고 그것으로 미루어 자신의 본성을 인식하는 간접적인 방법을 제시하였다. '격물格物'과 '치지致知'가 바로 그것이나. '격물'은 다른 것에 나아가는 것을 말하고 '치지'는 본성을 아는 상태에 이르는 것을 말한다. 본성이 바로 천명이므로 본성을 아는 것이 곧 천명을 아는 것이다. 따라서 학문의 일차적인 목표는 천명을 아는 것에서 완성된다.

'격물'과 '치지'의 방법에는 여러 가지가 있다. 다른 생물의 삶을 관찰하여 거기에서 삶의 참된 모습을 찾아내는 방법은 주로 《시경詩經》의 공부를 통해서 가능하고, 성인의 삶의 내용을 관찰하여 본성의 내용을 파악하는 방법은 주로 《예기禮記》에 집중되어 있다. 또 구체적인 삶의 현실에서 나타나는 길흉吉凶을 판단하는 지혜를 통하여 본성에 입각한 삶을 터득하는 방법은 《주역周易》에 집중되어 있고, 과거의 정치 내용을 통하여 천명을 파악하는 방법은 《서경書經》에 집중되어 있고, 삶의 내용이 천명과 일치하는지 아닌지를 판단하는 기준을 통해 천명을 파악하는 방법은 《춘추春秋》에 집중되어 있다. 그러므로 《시경》·《예기》·《주역》·《서경》·《춘추》의 오경五經은 바로 '격물'과 '치지'의 대상이 된다. 이 외에도 유교 전반에 관한 교육 내용을 설명한 것이 《논어論語》·《맹자孟子》·《대학大學》·《중용中庸》의 사서四書이므로, 이 사서와 오경이 유교의 기본 경전이 된다.

'명명덕明明德'을 완수한 사람은 전체의 입장이 되어 남과 나를 하나로 여기기 때문에 남을 나처럼 여기고 사랑하게 된다. 이른바 인仁을 실천하게 되는 것이다. 이러한 상태, 즉 남과 내가 하나가 된 상태가 바로 '친민親民'의 상태이다. '친민'이 된 사람은 남을 나처럼 여기게 되므로 남들로 하여금 '명명덕'을 하도록 인도하려는 노력을 하게 된다.

그런데 '명명덕'을 하는 방법은 학문이고 학문을 하기 위해서는 학교라고 하는 주어진 공간에서 직접 제자를 가르치는 방법밖에 없으므로 모든 사람을 다 구제하기에는 한계가 있다. 그러므로 정치적 방법을 동원하여 스승을 양산量産하고 학교를 설립하여 많은 사람에게 기회를 부여하여야 하기 때문에 유교에서는 정치에 관심을 가진다. '제가齊家'와 '치국治國'이 '친민'에 속하는 이유도 여기에 있다.

'명명덕'과 '친민'이 되어 나와 남이 일체가 되고 이 세상에 진리가 실현되어 일체의 갈등이 없이 조화를 이룬 상태가 '지선至善'의 상태이고 '지선'의 상태에 머무는 것이 바로 '지어지선止於至善'이며 '평천하平天下'이다. 역사적으로는 요순시대에 실현되었던 대동사회가 바로 그것이다.

3. 유교의 전개와 전망

공자가 집대성한 유교사상은 전국시대戰國時代에 이르러 맹자孟

子의 사상과 순자荀子의 사상으로 분화되었다. 맹자는 성性을 인간 개체의 삶을 유도하는 근원적인 의지라고 정의한 뒤, 그 성이 모든 인간에게 동일하게 존재할 뿐만 아니라 살아 있는 모든 생물에 있어서도 동일하게 존재하기 때문에 성을 회복하여 실천하면 남을 나처럼 여기고 사랑하게 된다고 하는 성선설性善說을 제창하였다. 이에 비하여 순자는 육체적인 요소를 존재의 본질로 파악하고 육체적인 삶을 중시하였다. 육체적인 요소를 기준으로 인간의 삶을 보면 인간은 의·식·주를 서로 차지하기 위하여 투쟁하는 존재로 파악되므로 순자는 이러한 인간의 모습을 근거로 성악설性惡說을 제창하였다. 춘추전국시대의 혼란기에는 맹자의 사상보다 오히려 순자의 사상이 각광을 받았기 때문에 그 뒤를 이은 진秦나라

맹자孟子

순자荀子

와 한漢나라에서는 순자의 사상이 많은 영향을 미쳤다. 한나라 말기에 이르러 순자의 사상을 바탕으로 오랫동안 육체적 삶에 치중하던 사람들이 점차 정신적 삶을 갈망하게 되자, 유교사상보다도 종교성이 더 강한 불교佛教가 등장하였다.

불교는 위진남북조魏晋南北朝시대의 혼란기를 맞이하여 매우 발달하였고, 수隋나라와 당唐나라 때에는 국가의 정치이념이 되기도 했다. 불교는 인간의 정신적 삶을 강조하지만 반대로 육체적·현실적 삶을 경시하기 때문에 불교를 정치이념으로 삼았던 당나라 말기에는 불교세력이 지나치게 강성해져서 많은 폐단이 생겼다. 경제가 피폐해지고 윤리가 무너져 사회가 혼란에 빠진 것이다.

그러자 맹자의 사상에 근거하여 불교의 종교성을 포섭하면서 불교를 비판하는 부류와, 순자의 사상에 바탕을 두고 경제 및 사회윤리를 강조하면서 불교에 대해 강력히 비판하는 부류가 나타났다. 전자는 당나라의 이고李翺를 위시하여 송宋나라의 주돈이周敦頤, 장재張載, 정이程頤 등으로 이어지는 계열이고, 후자는 한유韓愈, 구양수歐陽脩, 사마광司馬光 등으로 이어지는 계열인데, 이 두 계열을 중용사상으로 결합하여 하나의 체계로 통일시킨 사람이 주자朱子이다.

그러므로 주자는 중용사상을 핵심으로 하는 공자의 유교사상을 부활시킨 사람이라 할 수 있다. 주자의 중용사상이 공자의 중용사상과 다른 점은 공자의 중용사상을 핵으로 하고 공자 이후의 다양한 사상들을 포용하여 살을 붙임으로써 확대재생산하였다는 점이다. 주자가 이룩한 학문 체계는 주자학朱子學, 성리학性理學, 정주학程朱學, 송학宋學, 성학聖學, 이학理學, 도학道學, 신유학新儒學 등으로 다양하게 불리는 새로운 유교의 이론체계이다.

주자朱子

성리학은 송나라와 원元나라 때 크게 유행하였는데, 명明나라 때에 이르면 형이상학적 성격을 더욱 강화한 양명학陽明學이 출현하였다. 성리학에서 양명학으로 이어지는 과정에서 차츰 형이상학적 성격이 강화되어 정신적 삶이 강조되었으므로 이에 반발하여 사람들은 육체적·현실적·구체적 삶을 갈망하기 시작하였다. 이러한 배경에서 출현한 것이 명나라 말기에서 청淸나라에 걸쳐 등장한 실학實學이다.

아편전쟁으로 인해 영국에 참패한 중국인들은 중국학 자체에 대해 강하게 비판하는 5·4문화운동五四文化運動이 일어났다. 5·4문화운동 이래로 유학은 중국인들에 대한 영향력이 급속도로 사라져갔다. 공자의 유학이 중국인들에게 지지를 받지 못하면 중국은 외국의 정치이념을 받아들이지 않으면 안 된다. 당시 중국 사회는 농민들의 삶이 너무나 어려웠으므로, 모택동毛澤東이 농민을 이끌고 서구의 공산주의를 받아들여 지금에 이르고 있다.

한국은 고대에 중원中原으로 진출하여 중국에서 유교가 성립될 수 있도록 자료를 제공하였다. 다시 말하면 유교는 한국의 사상을 핵심으로 해서 체계화된 것이다. 한국은 그 뒤 중국에서 체계화된 공자의 유교를 다시 역수입하였다. 그러나 전국시대와 한나라 때의 유교가 순자의 사상을 중심으로 발전하였기 때문에 형이상학적 요소가 강한 한국인들은 그것을 제대로 소화하지 못했고 그 때문에 문화가 침체하였다. 그러다가 중국에 불교가 발달하자 종교성이 강한 한국인들은 그것을 받아들여 크게 발전시켰다. 한국 고유의 인仁의 정신이 불교를 받아들이는 그릇의 역할을 한 것이다.

고려시대 말기에 이르러 정치이념이었던 불교의 폐단이 노출되어 정치가 문란해지고 경제가 피폐하여 민심이 불안해졌다. 당시의 지식인들은 불교를 배척할 수 있는 이론으로 중국의 성리학을 수입하였다. 한국에서는 한국의 토양에 맞는 이고李翺 계열의 형이상학적 측면만을 수용하고, 한유韓愈 계열의 형이하학적 측면을 수용하지 않았다.

한국의 성리학에서는 하늘과 하나인 인간 본래의 모습을 회복하기 위한 철저한 수양철학이 발달하였고, 이 세상을 지상천국으로 만들기 위한 지치주의운동至治主義運動이 전개되었으며, 하늘의 입장에서 초연하게 모든 것을 융합하는 초탈원융超脫圓融철학이 생겨났다. 수양철학은 회재晦齋 이언적李彦迪 선생을 거쳐 퇴계退溪 이

황李滉 선생에 이르러 완성되었고, 지치주의운동은 정암靜庵 조광조趙光祖 선생에 의하여 시도되고 율곡栗谷 이이李珥 선생에 의하여 이론적 완성을 보았으며, 초탈원융철학은 화담花潭 서경덕徐敬德 선생, 매월당梅月堂 김시습金時習 선생을 거쳐 남명南冥 조식曺植 선생에 이르러 완성을 보게 되었다. 종교적 성격이 강한 한국의 성리학은 개화기 이후 서양의 과학정신을 원만하게 수용하지 못한 대신 기독교를 담는 그릇의 역할을 하였다.

일본인들은 형이하학적 요소가 강하기 때문에 한국으로부터 형이상학적 성격이 강한 성리학을 수입하였으나 서서히 자신들의 성격에 맞게 형이하학적 성격으로 변용시켰다. 그리하여 일본의 성리학은 중국 한나라 때의 유학으로 돌아가자는 고학古學으로 변모되었다가 다시 일본의 국익을 도모하는 국학國學으로 바뀌었다. 일본의 국학은 서양의 기독교를 거부하는 대신 과학정신을 받아서 담는 그릇의 역할을 담당해 오늘날 산업대국을 이끄는 정신적 지주가 되었다.

오늘날 현대사회는 르네상스 이후에 발생한 유럽의 근대정신에 바탕을 두고 발전한 유럽문화에 의하여 지배되고 있다. 유럽문화에 바탕을 두고 발전한 현대는 과학과 산업이 발달하여 인류에게 편리하고 안락한 생활을 제공하고 있으나 정신적 삶을 경시함으로써 인간을 천박한 존재로 만들었다. 그리고 자원의 낭비, 환경의 파괴, 살인무기의 개발 등으로 심각한 위기에 봉착하고 있다. 이에 유럽인들을 중심으로 한 일단의 지식인들은 이러한 위기를 극복하는 방안으로 동양의 정신에 관심을 갖기 시작하였다.

현대인들의 이러한 요구에 부응하는 사상은 산업사회를 포섭할 수 있으면서 동시에 정신적 삶으로 유도할 수 있는 유교의 중용사상中庸思想이 적격일 것이다. 이러한 의미에서 21세기에서의 유교의 역할이 크게 기대된다. 그것은 공자와 주자의 중용사상을 핵으로 하고 그 이후의 과학사상이나 기독교사상 등을 포용하여 사상의 폭과 깊이를 더한 것이어야 가능할 것이다.

제2장

궁극적 실재

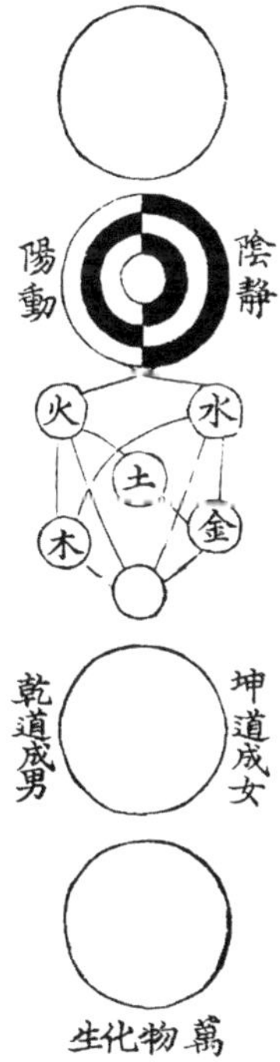

〈태극도太極圖〉

궁극적 실재에 대한 이해는 시대에 따라서 약간씩 차이가 있다. 은殷나라에서는 우주 만물을 창조하고 운영하는 궁극적 실재를 '제帝' 또는 '상제上帝'라 하여 그것을 숭배의 대상으로 삼았다. '제' 또는 '상제'는 원래 은殷부족의 조상신祖上神으로, 부족연합 국가의 성격이 강했던 은나라에서 여러 부족들에 대한 은부족의 지배를 지탱시켜 주는 존재였다. 따라서 '제' 또는 '상제'는 부족의 수호신인 동시에 여러 부족들의 서로 다른 조상신들 가운데 가장 최고의 권위를 지닌 존재로 이해되었다.

그러나 주周나라는 은나라를 정복한 자신들의 행동을 '천天'의 뜻이라고 주장하여 정당화시켰다. 그에 따라 절대 권위를 지닌 '상제'가 주周의 혁명과 더불어 '천天'으로 명칭이 바뀌게 되었다. 주나라 사람들이 은나라를 정복하는 명분으로 삼았던 것은 정치적 천명사상天命思想이었다. '천'은 은나라의 상제를 대신하는 궁극적 실재이면서도 정치적으로 이용되기도 한 것이다. '천'은 《서경書經》이나 《시경詩經》의 주요 내용으로 등장한다.

《서경》이나 《시경》에 표현된 '천'은 단순히 의지와 감각을 갖는 존재로 그치는 것이 아니라 인간의 행위를 보고 들으면서 그에 대한 자신의 의지를 풍년, 흉년 등의 자연현상으로 나타낸다고 이해되었다. 이러한 '천'이 의지적으로 표현된 것이 '천명'인 것이다. 특히 통치자는 '천명'을 받아야 하는데, '천명'은 덕 있는 사람에게 주어지는 것이므로 '천명'을 유지하기 위해서는 덕을 닦아야 한다는 이치가 성립함으로써 '천명' 관념은 후대에 수양修養을 강조하는 도덕적 측면으로 발전하였다.

종교적 정치적인 관점에서 '천'을 이해하여, 인격적 의지적 존재이자 인간의 화복을 주재·섭리하는 존재로 파악하는 것은 서주西周 이래 춘추전국시대에 이르기까지의 보편적 사고였다. 그러나 유왕幽王 이후 거듭되는 실정과 환란 속에서 '천'에 대한 신뢰가 붕괴되어 가고, 또 인류의 경험의 축적과 지식이 발달하여 원시적이나마 자연에 대한 과학적 이해가 가능해지면서 '천' 관념은 제자백가諸子百家의 흥기에 힘입어 다양한 개념으로 변모되었다. 특히 《논어》 〈술이述而〉에서 공자는 "하늘이 내게 덕을 주었다."고 하여 개인에 내재하는 덕의 근원을 하늘로 삼음으로써 '천' 개념의 큰 전기轉機를 마련하였다.

'천'과 개인의 덕의 문제는 《중용中庸》에서 극명하게 나타난다. 《중용》은 그 첫머리에 "하늘이 명命한 것을 성性이라 한다."고 하였다. 성性은 살려는 마음이므로, 천명은 사람에게 살도록 지시하는 것임을 알 수 있다. 사람은 하늘의 지시를 받고 태어나기 때문에 살고 싶은 마음을 가지고 태어난다. 하늘의 지시에 충실한 사람은 삶에 충실할 수밖에 없지만, 욕심에 가리면 하늘의 지시에 충실할 수 없어 고통을 받게 된다. 때문에 사람들은 욕심에서 벗어나기 위한 노력을 하지 않을 수 없다. 그것이 유교에서 차지하는 중요한 수양철학이다.

인간은 자신에 내재하는 본래의 마음을 회복함으로써 하늘과 하나가 될 수 있다. '천'으로 이해된 궁극적 실재는 인간의 본성으로서 인간에 내재한다. 인간에 내재한 '천'이 '성性'이고, '성'이 인간을 포함한 만물의 존재원리로 확장된 것이 '천'이다. '성'은 생물 존재의 본질이라는 의미로 붙여진 개념이므로 이를 무생물에게까지 확장시키면 '이理'가 되고, 사람에 국한시켜서 표현하면 '인仁'이 된다. '인'의 작용을 구체적으로 표현하면 '인의예지仁義禮智'이다. '인의예지'가 발현된 것이 '사단四端'이다. '사단'을 실천하면 '인'을 실천한 것이 되고 '성'을 실천한 것이 되며 '천명'을 실천한 것이 된다. '천명'을 실천하는 사람은 하늘과 하나가 되는 사람이다.

'천명'은 구체적으로 백성들의 향배를 통해 나타난다는 생각에서 맹자의 민본사상民本思想으로 발전되었다. 이에 입각하여 맹자孟子는, 덕이 없는 임금은 이미 '천명'을 잃어 자기 권력의 정당성을 잃었으므로 방벌放伐해야 한다는 혁명사상을 전개하였다.

요컨대 유교에서 말하는 궁극적 실재는 '상제'에서 '천', '천명', '성', '인의예지', '사단'으로 이어지는 일련의 연속성을 가진다.

1. 상제上帝

'상제'는 주로 은나라에서 파악된 궁극적 실재 개념이다. '제帝'라는 말은 은허殷墟의 갑골甲骨 복사卜辭에 "갑진에 제가 비를 내리게 했다."라는 말에서 보이며, '상제'라는 말은 《서경》〈요전堯典〉에서 "드디어 상제에게 유제類祭하였다."라고 한 데서 찾아볼 수 있다. '상제'란 만물의 위에 서서 이것을 주재하고, 또 언제나 공평무사한 마음으로 백성의 행위를 자세히 살펴서 그들에게 화복禍福을 내리는 존재로 이해되었다. 또한 '상제'는 천계天界에 조정을 만들어 지상을 감시하고 화복을 내리는 인격신으로 이해되기도 하였지만, 한편으로는 비 · 바람 · 번개 등을 지배하는 자연신으로 이해되기도 하였다. 다음의 내용들이 이를 증명한다.

이윤伊尹

이윤伊尹이 말했다. "오오! 후계자이신 임금님께서는 행동을 삼가시고 이 교훈을 언제나 기억하여 잊지 마셔야 합니다. 성스러운 계책이 성대하게 남아있고, 아름다운 말씀이 매우 드러나 있습니다. 상제께서는 계속해서 돌봐주시는 것이 아닙니다. 착한 일을 하는 사람에게는 온갖 복을 내리시고, 나쁜 일을 하는 사람에게는 여러 가지 재앙을 내리십니다. 임금님께서는 덕에 해당되는 것은 작다고 여기지 마소서. 덕은 온 나라가 경하할 경사입니다. 임금님께서는 덕이 아닌 일이라면 크게 여기는 일이 없으셔야 합니다. 그렇게 하지 않으면 우리나라는 멸망하게 될 것입니다." 《서경》〈상서商書 이훈伊訓〉

반경盤庚이 말하였다. "비로소 상제께서는 우리의 높으신 조상의 덕에 답하시어 우리 집안을 안정시켜 주시니, 나는 돈독하고 경건한 사람들과 함께 공손하게 백성들의 목숨을 받들어 새 도읍지에 영원한 터를 잡았노라." 《서경》〈상서 반경盤庚 하〉

은왕조가 멸망하고 주周왕조가 성립한 이후에는 '상제' 대신 '천'이라는 개념이 궁극적 실재로 대신하였다.

2. 천天

'천'이 궁극적 실재개념으로 쓰인 것은 주나라의 건국과 더불어 시작된 것으로 보이며, 이후 시대에 따라 이해를 달리하면서 이것으로부터 천명天命·천도天道·천리天理 등 다양한 용어가 파생되었다. '천'이라는 용어의 유래에 관해서는 여러 가지 설이 있으나 공통적인 것으로는 초기에 유목생활을 주로 하였던 주周부족이 중국을 지배한 이후 중요한 개념으로 부각시킨 것이라는 것이다. 주나라는 은나라를 정복한 자신들의 행동을 '천'의 뜻이라고 주장하여 정당화시켰다. 그에 따라 절대 권위를 지닌 '상제'가 주의 혁명과 더불어 '천'으로 바뀌게 된 것이다. 이 부분이 특히 주공周公에 의해 형성된 천명사상天命思想이었다.

천명사상에 의하면 하늘은 어느 특정한 사람을 왕으로 임명하여 천하를 다스리게 하는 것이 아니라 덕이 있는 사람을 왕으로 임명한다는 것이다. 이러한 사상에 입각하여 은왕조를 멸망시키고 성립한 주왕조의 정당성을 확립하였다. '천'은 '상제'와 마찬가지로 이 세상의 일을 일일이 보살펴 착한 자에게는 복을 내리고 악한 자에게는 재앙을 내리는 판관判官으로 이해되고 있다.

주왕조의 초기에는 '상제'와 '천'이 함께 쓰이다가 차츰 '천'으로 통일된다. 그 예는 다음의 문장에서 찾아볼 수 있다.

태보太保가 여러 나라의 제후들을 데리고 나가 선물을 가지고 다시 들어와 주공에게 바치며 말하였다.

"손을 짚어 절하고 머리를 조아리며 임금님과 공에게 아룁니다. 여러 은나라 사람들을 훈계하는 일은 당신의 어사御事로부터 시작하여야 합니다.

오오! 하늘에 계시는 상제께서는 그분의 큰아들과 이 큰 나라 은의 명을 바꾸셨습니다. 오직 임금님께서 명을 받으신 것이 한없이 아름다운 것이지만, 또한 한없이 걱정해야 할 일입니다. 아아! 어찌하여야 합니까? 어찌 조심하지 않으십니까? 천天은 이미 큰 나라 은의 명을 멀리 끊어버리셨습니다. 은나라의 많은 옛 어진 임금들이 하늘에 계셨건만 그 뒤의 임금과 그 뒤의 백성들은 천명을 받드는 일에 있어서 종말로 치달아 지혜 있는 사람은 숨고 나쁜 자들이 자리를 차지하니, 남자들이 그들의 처자妻子를 안고 끌면서 슬피 하늘〔天〕에 호소하며 도망하다가 잡히기도 했습니다.

남자들이 처자들을 이끌고 하늘에 호소하다

오오! 하늘〔天〕도 온 세상 백성들에게 불쌍히 여기는 마음을 가지시고, 둘러보아 노력하는 자에게 명하십니다. 임금님은 빨리 마음가짐을 조심하십시오. 옛날 우리의 선민이었던 하夏나라를 보면, 하늘이 인도해주시고, 이어서 사랑하고 보호해주셨으나, 겉으로만 살피는 것처럼 하여 당시에 이미 천명을 떨어뜨렸습니다. 지금 은나라를 보면, 하늘이 인도하시고 바로잡아 보호해주셨으나, 겉으로만 하늘을 살피는 것처럼 하여 당시에 이미 그 명을 떨어뜨렸습니다."

《서경》〈주서 소고召誥〉

거룩하신 저 하늘의 상제께서는
밝고 밝게 이 세상에 임하시어서
사방 백성 살피시어 구해주셨네
정치를 잘못하는 두 나라 있어
온 천하 구석구석 다 살피셨네
상제께서 대신할 자 지정하시어
그의 능력 미리부터 키워주시고
서쪽 땅을 두루두루 돌아보신 뒤
이 땅에 집 자리를 정해주셨네

《시경》〈대아大雅 문왕지십文王之什 황의皇矣〉

공자께서 광匡이라는 땅에서 두려운 일이 있었을 때 말씀하셨다. "문왕文王이 이미 돌아가셨으니 이제는 문文이 여기 나에게 있지

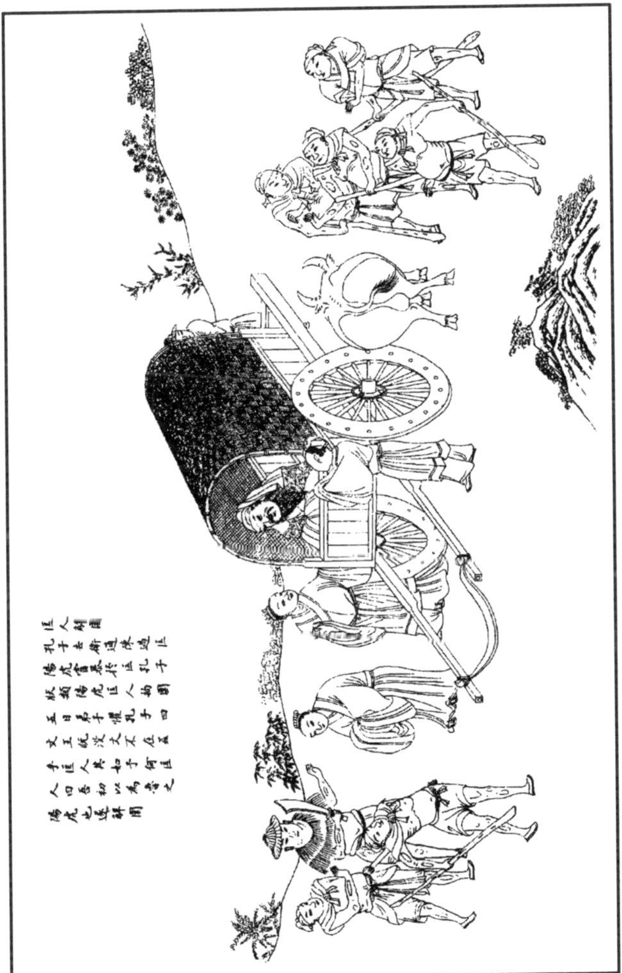

공자를 위협했다가 풀어주는 광匡 땅 사람들

아니한가? 하늘이 장차 이 문을 없애려 하셨다면 뒤에 죽는 사람인 내가 이 문에 참여하지 못하였을 것이지만, 하늘이 아직 이 문을 없애려 하지 않으신다면 광 땅의 사람들이 나를 어떻게 하겠는가?"

《논어》〈자한子罕 제5장〉

공자께서 말씀하셨다. "하늘이 나에게 덕을 주셨으니 환퇴桓魋가 나를 어떻게 하겠는가!"

《논어》〈술이述而 제22장〉

자공子貢

공자께서 말씀하셨다. "나는 말이 없고자 한다." 자공子貢이 말하였다. "선생님께서 만일 말씀을 하지 않으시면 저희들이 어떻게 배우겠습니까?" 공자께서 말씀하셨다. "하늘이 무슨 말을 하더냐? 〈그러나〉 사계절이 운행되고 만물〔百物〕이 자라난다. 하늘이 무슨 말을 하더냐?"

《논어》〈양화陽貨 제19장〉

노魯나라 평공平公이 장차 출타하려 하자 폐인嬖人인 장창臧倉이

청하여 말하였다.

"다른 날에는 임금께서 출타하시게 되면 반드시 유사有司에게 가는 곳을 하명하셨는데, 지금은 수레에 이미 멍에까지 한 상태인데도 유사가 가는 곳을 알지 못하니, 감히 청하옵니다." 공이 말하였다. "장차 맹자를 뵙고자 한다."

"어째서입니까? 임금께서 몸을 낮추어 평민에게 가서 먼저 예를 갖추는 까닭은 그가 현명하다고 생각하셨기 때문입니까? 예의는 현명한 사람에게서 나오는 것인데 맹자의 나중 장례식이 먼저의 장례식보다 성대했으니 예의를 모르는 사람입니다. 임금께서는 만나지 마십시오." 공이 "그러겠다."라고 말하였다.

악정자樂正子가 들어가 평공을 뵙고 말하였다. "임금께서는 어찌해서 맹자를 뵙지 않으십니까?" "어떤 이가 과인에게 '맹자의 나중 장례식이 먼저의 장례식보다 성대하였다.'고 하므로 뵈러 가지 않았다."

"무슨 말씀입니까? 임금께서 이른바 더 성대했다는 것은 먼저는 사士의 예로써 장례를 하였고 나중에는 대부大夫의 예로써 하였으며, 먼저는 3정鼎을 써서 장례식을 하였고 나중에는 5정을 써서 한 것을 말합니까?" "아니다. 관棺과 곽槨, 옷과 이불의 아름다움을 말한 것이다." "그것은 성대했다고 말할 것이 아닙니다. 빈부貧富가 같지 않았기 때문입니다." 악정자가 맹자를 뵙고 말하였다. "제가 임금께 아뢰어서 임금이 뵈러 오려고 했는데 폐인 중에 장창이란 자가 있어서 임금을 만류하였습니다."

"가는 것도 누가 부추기기도 하고 멈추는 것도 누가 멈추도록 부추기기도 하지만 가고 멈추는 것은 사람이 그렇게 할 수 있는 것이 아니다. 내가 노나라의 임금을 만나지 못한 것은 하늘의 뜻이다. 장씨의 아들이 어찌 나로 하여금 노나라 임금을 만나지 못하게 할 수 있겠는가?" 《맹자》〈양혜왕장구梁惠王章句 하 제16장〉

맹자께서 말씀하셨다. "순舜임금은 논밭에서 발탁되었고, 부열傅說은 성벽 쌓는 일을 하는 데서 등용되었고, 교격膠鬲은 생선과 소금을 파는 데에서 등용되었고, 관이오管夷吾는 감옥에서 등용되었고, 손숙오孫叔敖는 바닷가에서 등용되었고, 백리해百里奚는 시장에서 등용되었다. 그러므로 하늘이 큰 임무를 그 사람에게 내리려 하실 적에는 반드시 먼저 그 마음을 괴롭히며, 그 몸을 수고롭게 하며, 그 몸과 피부를 굶주리게 하며, 그 몸을 궁핍하게 하여, 그가 하는 일을 어그러뜨리고 어지럽히는 것이니, 그렇게 함으로써 마음을 분발시키고 성질을 참게 하여, 그 부족한 부분을 보충시키는 것이다. 사람은 항상 허물이 있은 뒤에 고치는 것이니, 마음에 고달픈 것이 있고 생각에 순조롭지 못한 것이 있은 뒤에 분발하여 일어나며, 고통스러움이 얼굴에 표가 나고 음성에 나타난 뒤에 깨닫게 되는 것이다. 나라 안에 들어가면 법도 있는 집과 보필하는 선비가 없고, 나라 밖에 나가면 적국과 외환外患이 없는 경우는 나라가 항상 멸망한다. 그런 뒤에야 사람은 우환 가운데에서는 살아나고 안락한 가운데에서는 죽는다는 것을 알게 된다." 《맹자》〈고자장구告子章句 하 제15장〉

부암傅巖에서 성벽을 쌓던 부열傅說

3. 도道

'도道'는 우주 만물의 규율·원리·본원·본체 등을 가리키는 유교의 중요 범주範疇이다. '천'이 궁극적 실재로 이해된다면 '도'는 '천天'의 작용이라는 개념으로 쓰인다. 만물을 창조하고 유지하는 '천'의 작용을 일정한 길이 있는 것으로 파악함으로써 붙여진 개념이 천도天道이다. 따라서 천도는 봄이 지나면 반드시 여름이 오고 여름이 지나면 반드시 가을이 오듯이 일정한 길을 향하여 운행되는 하늘의 작용을 일컫는 것이다. 궁극적 실재가 '상제上帝' '천天' '성性' '인의예지仁義禮智' '사단四端'으로 연결되므로, '상제'나 '천'의 작용이 도이고, '성性'을 따르는 것이 도이며 '인의예지'를 실천하는 길이 도이고 '사단'을 실천하는 것이 도이다.

자공子貢이 말하였다. "선생님의 예의와 교양은 알아들을 수 있으나 선생님께서 성性과 천도天道를 말씀하시는 것은 알아들을 수 없다."

《논어》〈공야장公冶長 제12장〉

군자의 도는 널리 쓰이면서도 은미하다. 부부의 어리석음으로도 알 수가 있지만 그 지극함에 이르러서는 비록 성인이라도 또한 알지 못하는 것이 있으며, 부부의 못남으로도 행할 수 있지만 그 지극함에 이르러서는 비록 성인이라도 또한 할 수 없는 것이 있으며, 천지의 큼에도 사람이 오히려 한탄하는 것이 있다. 그러므로 군자가 큰 것을 말하면 천하에 실을 수 있는 것이 없고, 작은 것을 말하면 천하에 쪼갤 수 있는 것이 없다. 《중용》〈제12장〉

성실함 그 자체는 하늘의 도이고 성실해지려고 하는 것은 사람의 도이다. 성실함 그 자체를 실천하는 자는 힘쓰지 않아도 적중하고 생각하지 않아도 얻게 되며 저절로 도에 적중하니 성인聖人이다. 《중용》〈제20장〉

음陰이 되었다가 양陽이 되었다가 하는 것을 도라고 한다. 도를 이어받아 그 작용을 계속하는 것은 선善이고, 도를 이어받아 이룬 상태가 성性이다. 어진 사람은 그것을 보고 어질다고 하고 지혜로운 사람은 그것을 보고 지혜롭다고 하는데, 일반 사람들은 매일매일 도를 쓰면서도 그것이 무엇인지 알지 못한다. 그러므로 군자의 도가 행해지는 일이 드물다. 《주역》〈계사전繫辭傳 상 제5장〉

이런 까닭에 형체로 구체화되기 이전의 것을 도라 하고, 형체로 구체화된 이후의 것을 기器라 한다. 바꾸어 마름질하는 것을 변變이라 하고, 추진하여 진행시키는 것을 통通이라 하며, 들어서 세상 사람들에게 사용하도록 놓아두는 것을 사업이라 한다.

《주역》〈계사전 상 제12장〉

4. 명命

주로 하늘의 움직임 또는 작용을 말한다. 하늘이 만물을 창조하고 또 만물을 영위하는 모습을 보면 마치 장군이 병졸에게 명령하듯 일사불란하게 진행되므로 명이라는 말을 붙여서 천명天命이라 한 것이다. 하늘의 작용을 사람의 마음과 같은 것으로 이해하면 천심天心이라 하고, 자연의 운행처럼 일정한 길을 가는 것으로 이해하면 천도天道라 한다. 이 하늘의 작용에 의하여 생명체가 생겨나면 그 생명체에는 하늘의 작용이 깃들게 되는데 그것을 성性이라 한다.

하늘이 명한 것을 성性이라 하고, 성을 따라 생겨나는 것을 도道라 하고 도를 닦는 것을 교敎라 한다. 도라는 것은 잠시도 사라질 수 없는 것이니 사라질 수 있다면 도가 아니다. 《중용》〈제1장〉

《서경》〈강고康誥〉에서는 "오직 명命은 일정한 곳에 있지 아니하다."고 하였으니, 착하면 그 명을 얻고 착하지 아니하면 잃는 것임을 말한 것이다. 《대학》〈전 10장〉

맹자께서 말씀하셨다. "명 아닌 것이 없으나, 그 바른 것을 순조롭게 받아야 한다. 이 때문에 명을 아는 자는 돌담 밑에 서 있지 아니한다. 자기의 도리를 다해서 죽는 것은 바른 명이지만, 형벌을 받아 죽는 것은 바른 명이 아니다." 《맹자》〈진심장구盡心章句 상 제2장〉

5. 성性

천명은 하늘 위에서만 행해지는 것이 아니다. 천명은 생물체 속에 들어와 있으면서 그 생물체에 행해진다. 이는 마치 하늘의 달이 물에 떠 있는 것과 같다. 하늘의 달과 물에 떠 있는 달이 공간적 차이가 없이 하나라고 이해한다면 천명과 성의 관계를 알 수 있다.

성은 심心과 생生의 합자인 글자체를 통해서도 알 수 있듯이, '날 때 타고나는 마음', '삶을 향한 마음', '삶에의 의지' 등으로 이해할 수 있다. 모든 생물체는 이 성을 바탕으로 하여 삶을 지탱하고 있다. 성을 인간에 국한시켜서 말하면 인仁이고 만물에 확대해서 말하면 이理이다. 인仁은 성에 포함되는 개념이고 성은 이理에 포함되는 개념이다. 성에 대한 다음과 같은 언급들이 있다.

고자告子가 말했다. "성은 버드나무와 같고 의는 나무로 만든 그릇과 같으니, 사람의 본성을 가지고 인의를 만드는 것은 버드나무를 가지고 그릇을 만드는 것과 같다."

맹자께서 말씀하셨다. "자네는 버드나무의 성질을 따르고서도 나무그릇을 만들 수 있는가? 장차 버드나무를 해친 뒤에야 나무그릇을 만들 것이니, 만일 장차 버드나무를 해쳐서 나무그릇을 만든다면 또한 장차 사람을 해쳐서 인의를 만든다는 것인가? 천하의 사람들을 몰아서 인의를 해치게 할 것은 반드시 그대의 이 말일 것이다."
《맹자》〈고자장구告子章句 상 제1장〉

고자가 말했다. "성은 고여서 맴돌고 있는 물과 같다. 이 물은 동쪽으로 터놓으면 동쪽으로 흐르고 서쪽으로 터놓으면 서쪽으로 흐른다. 사람의 성이 선善과 불선不善으로 나누어지지 않는 것은 물이 동서로 나누어지지 않는 것과 같다."

맹자께서 말씀하셨다. "물은 진실로 동서의 분별이 없지만 상하의 분별도 없다는 것인가? 사람의 성이 선한 것은 물이 아래로 내려가는 것과 같으니, 사람은 선으로 나아가지 아니함이 없으며 물은 아래로 내려가지 아니함이 없다. 지금 물을 쳐서 튀어 오르게 하면 이마보다 높이 올라가게 할 수 있으며, 거꾸로 쳐서 흐르게 하면 산에 있게 할 수 있지만 이것이 어찌 물의 본성이겠는가? 그 상황이 그렇게 된 것이다. 사람으로 하여금 불선을 하게 할 수 있는 까닭이 또한 이와 같은 것이다."
《맹자》〈고자장구 상 제2장〉

고자가 말했다. "생生의 본능을 성性이라고 한다." 맹자께서 말씀하셨다. "생의 본능을 성이라고 하는 것은 흰 것을 희다고 하는 것과 같은 것인가?" "그렇다." "그렇다면 흰 깃털의 흰 것이 흰 눈의 흰 것과 같은 것이며, 흰 눈의 흰 것이 흰 옥의 흰 것과 같은 것인가?" "그렇다." "그렇다면 개의 성이 소의 성과 같으며, 소의 성이 사람의 성과 같은 것인가?" 《맹자》〈고자장구 상 제3장〉

맹자께서 말씀하셨다. "우산牛山의 나무가 일찍이 아름다웠었는데, 그것이 큰 도시에 인접하고 있기 때문에 도끼로 베어가니 아름다워질 수 있겠는가? 그 낮과 밤으로 자라고 비와 이슬에 젖어 싹이 돋는 일이 없지는 않지만, 소와 양을 또 이어서 방목하니 저렇게 반질반질한 것이다. 사람들이 그 반질반질한 것을 보고서 일찍이 좋은 재목이 있지 않았다고 생각하는 것이니, 이것이 어찌 산의 본래 모습이겠는가? 비록 사람에게 있는 것인들 어찌 어질고 의로운 마음이 없겠는가마는 그 양심을 놓아버리는 것이 또한 아침마다 도끼로 나무를 베어가는 것과 같으니, 그러고서도 아름답게 될 수 있겠는가? 그 낮과 밤에 양심을 자라나게 하는 것과 새벽의 기운에 있어서도 그 좋아하고 미워하는 것이 다른 사람과 서로 비슷한 것이 거의 드문데, 그 아침과 낮에 하는 소행이 이를 꽁꽁 묶어서 없애버리니 이를 반복하면 밤의 기운도 양심을 보존할 수 없다. 밤기운이 보존할 수 없으면 금수와 다른 것이 많지 않게 된다. 사람들은 그 금수 같은 모습만을 보고서 일찍이 좋은 재질이 있지 않았다고 생각하는 것이니, 이것이 어찌 사람의 본래 모습이겠는가? 그러므로 진실로 그 기르는 기회를 얻으면 자라지 아니하는 것이 없고, 진실로 그 기르는 기회를 잃으면 소멸하지 아니하는 것이 없다. 공자께서 말씀하시기를 '붙잡으면 보존되고 놓아두면 없어지며, 나가고 들어오는 것에 일정한 때가 없어서 그 방향을 알 수 없는 것은 오직 마음을 두고 말한 것이다.' 하셨다."

《맹자》〈고자장구 상 제8장〉

맹자께서 말씀하셨다. "토지를 넓히고 백성을 많게 하는 것을 군자가 원하는 일이기는 하지만, 즐거워하는 것은 거기에 있지 않다. 천하의 가운데에 서서 사해 안의 백성들을 안정시키는 것을 군자가 즐거워하지만, 본성은 거기에 있지 않다. 군자의 본성은 비록 출세하더라도 더해지지 않으며, 비록 곤궁하게 살더라도 줄어들지 않는 것이니, 분수가 정해져 있기 때문이다. 군자의 본성은 인의예지가 마음속에 뿌리를 내리고 있어 그것이 밖으로 나타나는 것이 번지르르하게 얼굴에 나타나고 등에 가득하며 온몸에 퍼져서 말을 하지 않고서도 남으로 하여금 알 수 있게 하는 것이다."

《맹자》〈진심장구盡心章句 상 제21장〉

6. 인의예지仁義禮智

성性이 내포하고 있는 내용을 세분화하여 표현한 것이 인의예지이다. 성을 인간에 한정하여 표현할 때는 인仁이라고 하므로 인의예지는 인에 포함되는 개념으로 이해할 수도 있다. 인의예지가 발휘된 것이 사단四端이다. 인의예지는 샘 속으로 솟아나오기 전의 물과 같은 것이므로 감지할 수 없지만, 사단은 샘 속으로 솟아나온 물과 같은 것이므로 감지할 수 있다. 인의예지가 발휘된 것이 사단이고 사단이 발휘되기 전의 상태가 인의예지이므로 사단을 통해서 인의예지를 확인할 수 있다.

맹자께서 말씀하셨다. "입이 맛에서 좋아하는 것, 눈이 빛에서 좋아하는 것, 귀가 소리에서 좋아하는 것, 코가 냄새에서 좋아하는 것, 몸이 안일함에서 좋아하는 것은 본성이지만 한계〔命〕가 있기 때문에 군자는 그것을 본질적인 것〔性〕이라고 하지 않는다. 부자 관계에서의 인仁, 군신 관계에서의 의義, 빈객 관계에서의 예禮, 현자에게서의 지智, 성인에 있어서의 천도는 명命이지만 본성에 있는 것이다. 그러므로 군자는 한계가 있는 것〔命〕이라고 하지 않는다."

《맹자》〈진심장구 하 제24장〉

측은하게 여기는 마음은 인仁의 단서이고, 부끄러워하고 미워하는 마음은 의義의 단서이고, 사양하는 마음은 예禮의 단서이고, 시비를 가리는 마음은 지智의 단서이다.

《맹자》〈공손추장구公孫丑章句 상 제6장〉

7. 사단四端

사단은 '불쌍한 것에 대해서 측은하게 여기는 마음', '나쁜 것을 미워하고 부끄러워하는 마음', '남에게 사양하는 마음', '옳고 그른 것을 따지는 마음'을 말한다. 단端은 단서라는 말이니 이 네 가지가 인의예지를 알 수 있는 단서가 되기 때문에 붙여진 말이다. 측은하게 여기는 마음이 인仁을 알 수 있는 단서이고, 미워하고 부끄러워하는 마음이 의義를 알 수 있는 단서이고, 사양하는 마음이 예禮를 알 수 있는 단서이고, 옳고 그른 것을 따지는 마음이 지知를 알 수 있는 단서가 된다.

인의예지는 형이상학적 개념이므로 인식할 수 없지만, 인의예지에서 발휘된 사단은 형이하학적 개념이므로 인식할 수 있다. 따라서 인의예지는 사단을 통해서 간접적으로 인식할 수 있는 것이다. 인의예지는 성性에 포함되고 사단은 정情에 포함된다.

맹자께서 말씀하셨다. "사람은 모두 남에게 차마 하지 못하는 마음이 있다. 선왕에게는 남에게 차마 하지 못하는 마음이 있어서 남에게 차마 하지 못하는 정치가 있었다. 남에게 차마 하지 못하는 마음으로 남에게 차마 하지 못하는 정치를 하면 천하를 다스리는 것은 손바닥 위에서 움직일 수 있을 것이다.

사람들에게 모두 남에게 차마 하지 못하는 마음이 있다고 말하는 근거가 되는 것은 지금 사람들이 갑자기 어린아이가 곧 우물에 들어가려는 것을 보고는 모두 깜짝 놀라고 측은하게 여기는 마음을 갖는 것이니, 그렇게 함으로써 어린아이의 부모와 교분을 맺으려는 것이 아니며, 그렇게 함으로써 향당鄕黨과 친구들에게 명예롭게 되기를 구하려는 것도 아니며, 구하지 않았을 경우의 비난하는 소리를 듣기 싫어해서 그렇게 한 것도 아니다.

이로 말미암아서 살펴본다면 측은하게 여기는 마음이 없으면 사람이 아니며, 부끄러워하고 미워하는 마음이 없으면 사람이 아니며, 사양하는 마음이 없으면 사람이 아니며, 시비를 가리는 마음이 없으면 사람이 아니다. 측은하게 여기는 마음은 인仁의 단서이고, 부끄러워하고 미워하는 마음은 의義의 단서이고, 사양하는 마음은 예禮의 단서이고, 시비를 가리는 마음은 지智의 단서이다.

사람이 이 사단을 가지고 있는 것은 그가 사지四肢를 가지고 있는 것과 같으니, 이 사단을 가지고 있으면서 자기는 할 수 없다고 하는 자는 자신을 해치는 자이고, 자기 임금은 할 수 없다고 하는 자는 자기의 임금을 해치는 자이다.

무릇 사단이 나에게 있는 것을 모두 넓혀서 채울 줄 알면 마치 불이 처음 타오르며 샘물이 처음 솟아나는 것과 같다. 진실로 이것을 채울 수 있다면 그로써 사해四海를 보호할 수 있거니와 진실로 이것을 채우지 못하면 그로 인하여 부모를 섬길 수도 없을 것이다."

《맹자》〈공손추장구 상 제6장〉

8. 태극太極

태극은 만물을 유지시키는 궁극적 실재이다. 천명은 주로 인간존재의 구조를 설명할 때 사용되는 개념이라고 한다면 태극은 주로 인간을 포함한 만물의 존재구조를 설명할 때 사용되는 개념이다. 주자학朱子學에서는 이 태극을 천명에 대비시켜 설명하기도 했다. 천명이 성性이고 태극이 이理이며, 천명이 태극이고, 성이 이理이다.

주돈이周敦頤는 태극을 궁극적 실재의 작용으로 이해하고, 그 주체가 되는 것을 무극無極이라 이름 붙였다. 무극은 궁극적 실재의 형체가 없음을 두고 붙인 이름이고, 태극은 궁극적 실재의 작용이 있음을 두고 붙인 이름이다.

이러한 까닭에 역易에는 태극太極이 있다. 이것이 양의兩儀를 낳고, 양의는 사상四象을 낳고, 사상은 팔괘를 낳으니, 팔괘는 길함과 흉함을 정하고, 길흉은 큰 일을 이룬다.

《주역》〈계사전繫辭傳 상 제11장〉

무극이면서 태극이다. 태극이 움직여서 양陽이 되고, 움직임이 극에 달하면 고요해진다. 고요해지면 음陰이 된다.

〈태극도설太極圖說〉

9. 음양陰陽

태극은 우주자연의 본질을 말한다. 태극을 도道로 표현하기도 한다. 왼쪽으로 가는 길과 오른쪽으로 가는 길로 나누어서 길을 설명할 수 있듯이, 자연의 길은 음양으로 설명할 수 있다. 음양은 태극을 설명하는 용어이기도 하다. 우주의 본래 모습은 텅 비어 있는 공간으로 보이지만, 그 공간은 밝은 부분과 어두운 부분, 맑은 부분과 탁한 부분, 가벼운 부분과 무거운 부분 등으로 나눌 수 있는데, 그것을 음양이라 한다.

사람의 마음으로 보면 음陰은 미워하는 마음이 되고, 양陽은 사랑하는 마음이 된다. 태극이 하나이므로, 음양도 하나다. 다만 두 모습으로 보이는 것일 뿐이다. 따라서 미워하는 마음과 사랑하는 마음 역시 하나의 마음이지만, 나타나는 모습이 다르게 보일 뿐이다. 부모가 자녀를 사랑하여 품어주는 것이 양이라면 미워서 회초리로 때리는 것은 음이다. 그러나 부모의 마음이 둘은 아니다. 하나의 마음이지만, 두 모습으로 나타난다.

한번 음이 되었다가 한번 양이 되었다가 하는 것이 도道이다. 그것을 그대로 이어받는 것이 선善이고, 이어받아 완성된 것이 성性이다.

《주역》〈계사전 상 제5장〉

10. 오행五行

오행은 수화목금토水火木金土의 다섯 요소를 말한다. 오행은 음양을 더 구체화해서 말한 것이다. 수와 금은 음에 속하고 화와 목은 양에 속한다. 토는 음과 양의 중간이다. 방위로 보면 목은 동쪽, 화는 남쪽, 금은 서쪽, 수는 북쪽, 토는 중앙이다. 색으로 보면 목은 청색, 화는 적색, 금은 백색, 수는 흑색, 토는 황색이다. 맛으로 보면 목은 신맛, 화는 쓴맛, 금은 매운맛, 수는 짠맛, 토는 단맛이다.

오행을 인간의 마음에 적용시키면 인의예지신仁義禮智信이다. 목은 인仁, 화는 예禮, 금은 의義, 수는 지智, 토는 신信이다.

오행은 첫째는 수水, 둘째는 화火, 셋째는 목木, 넷째는 금金, 다섯째는 토土이다. 수는 젖어 내려가는 것이고, 화는 타오르는 것이고, 목은 굽거나 뻗는 것이고, 금은 따르거나 바뀌는 것이고, 토는 심거나 거두는 것이다. 젖어 내려가는 것은 짠맛을 내고, 타오르는 것은 쓴맛을 내고, 굽거나 뻗는 것은 신맛을 내고, 따르거나 바뀌는 것은 매운맛을 내고, 심거나 거두는 것은 단맛을 낸다.

《서경》〈주서周書 홍범洪範〉

움직였다가 정지했다가 하는 것이 서로 뿌리가 된다. 음과 양으로 나누어져 두 가지 양태가 나온다. 양이 변하고 음이 따르면서 수화목금토水火木金土를 만들어낸다. 〈태극도설太極圖說〉

제3장

세계의 창조와 종말

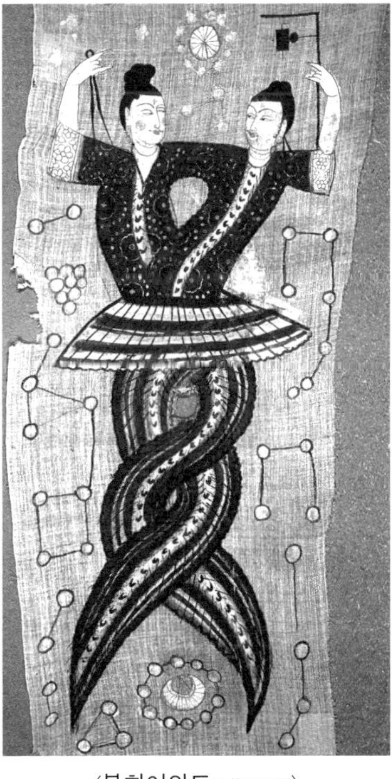

〈복희여와도伏羲女媧圖〉

유교에는 세계의 운행원리運行原理에 관해 많은 언급이 있지만 창조원리나 종말에 관해서는 그다지 언급이 없다. 종말은 새로운 시작을 의미하므로, 유학에서는 순환을 말한다. 세계의 운행원리를 《주역周易》에서는 원형이정元亨利貞으로 설명하는데, 원형이정은 사계절처럼 이해하면 된다. 사계절에서 겨울이 끝이지만, 겨울은 바로 봄으로 이어져 새로운 해가 시작된다. 마찬가지로 정貞은 운행의 끝이지만, 바로 원元으로 이어져 계속 순환한다.

창조에 관한 설명은 성리학이 발달한 이후에 비교적 활발하게 논의되었으나 종말론은 여전히 논의되지 않았다. 유교에서 말하는 세계는 하늘과 땅 그리고 동·서·남·북의 사방을 말한다. 이 세계는 하늘의 의지에 의해 운행되고 유지되는 것으로 이해되어 왔다.

유교적 사유체계에 의하면, 인간의 육체는 하늘이 음양오행陰陽五行이라는 재료를 가지고 빚어 만든 결과로 이해되지만, 인간의 마음은 하늘의 작용 그 자체이기 때문에, 정신적 존재로서의 인간은 하늘과 하나인 존재이므로 이미 삶과 죽음, 시작과 끝, 창조와 종말이라고 하는 한계성을 극복한다. 따라서 유교에서는 본질적으로 창조나 종말이 그다지 문제되지 않는다. 다만 창조를 많이 다룬 것은 성리학性理學의 이기론理氣論에서 우주만물의 생성원리를 이기론으로 해명하는 과정에서 비롯되었다.

이기론적 논리체계에 의하면, 이 가시적인 세계가 있기 이전에 이미 순수한 마음과 순수한 기운이 존재하였던 것으로 이해된다.

이 순수한 마음이 순수한 기운을 응결시키는 과정에서 가벼운 것은 하늘을 만들고 무거운 것은 땅을 만들었으며 그 가운데서 만물을 빚어 만든 것으로 설명한다. 그리고 만물을 빚어 만들 때 기운이 맑고 순수한 것이 응결되면 고등생물이 만들어지고 탁하고 잡박雜駁한 것이 응결되면 하등생물이 만들어지는 것으로 설명한다. 따라서 사람은 가장 우수한 기운이 응결되어서 만들어진 존재로 이해할 수 있다.

1. 세계의 창조創造

고대인들은 궁극적 실재로 이해했던 상제上帝나 천天을 자신들과 밀접한 관계를 가진, 부모 같은 존재로 파악하였기 때문에 천지의 창조에 관해서는 그다지 관심을 갖지 않았다. 이 세계는 태곳적부터 영원히 존재해온 것이고 또 영원히 존재해갈 것으로 믿었다. 공자 역시 하늘의 마음과 인간의 삶의 합일合一을 추구한 나머지 개인적 사후의 세계나 생전의 세계에 관심을 갖지 않았다. 천인합일天人合一의 경지가 되면 생전의 세계와 사후의 세계가 따로 존재할 수 없다. 하늘과 인간은 일체가 되어 영원히 지속되는 존재가 되기 때문이다. 이러한 이유 때문에 유교에서는 창조론에 그다지 관심을 기울이지 않았던 것이다.

단지 송대宋代에 성리학이 발달하여 만물에 대한 이기론적理氣論

的 해석을 내림으로써 천지의 창조·운행·종말의 과정을 관찰하기에 이르렀다. 그러나 이는 어디까지나 기氣의 세계에 국한된 물질적 차원에서의 논의에 지나지 않는다. 이理의 세계에서는 여전히 창조·운행·종말의 시간적 변화가 없는 것으로 이해한다. 인간이 종교적·철학적 관심을 갖는 주된 분야는 창조·운행·종말로 이어지는 시간적 변화와 한계성을 극복하는 것이었기 때문에, 이理를 인식하고 이와 합일되는 것에 관심이 집중되었다. 따라서 성리학에서조차도 창조·운행·종말이 논의는 되었지만 그다지 활발하게 전개되지는 않았다.

하늘이 음양오행을 가지고 만물을 만드는데 형체가 이루어지면 이理가 그 형체에 부여된다. 《중용》〈주자 서문〉

《시경》에 "하늘이 만백성을 내시니, 사물이 있으면 반드시 법칙이 있도다. 백성은 타고난 착한 성품이 있으니 아름다운 덕을 좋아하네." 하였다. 공자께서 말씀하시기를, "이 시를 지은 이는 도를 아는 사람이다. 사물이 있으면 반드시 법칙이 있는 것이니, 백성이 타고난 착한 성품이 있기 때문에 아름다운 덕을 좋아한다고 한 것이다." 하셨다. 《소학》〈가언嘉言 서언〉

크도다. 건괘乾卦의 원元의 작용이여. 만물이 이로 말미암아 시작된다. 그리하여 〈원형이정元亨利貞의〉 하늘의 작용을 통괄한다. 구름이 움직이고 비가 내려 만물이 형체를 키워간다. 처음과 끝을 크게 밝히면 여섯 자리가 때맞게 이루어지니 때맞게 여섯 용을 타고 천도를 실천한다. 건도乾道가 변화하여 각각 성명性命을 바르게 하니 큰 화합을 보존하여 하나로 통합함으로써 결실하고 저장한다.

《주역》〈건괘乾卦 단전彖傳〉

하늘이 높고 땅이 낮으니, 건괘와 곤괘坤卦의 성격이 정해진다. 낮은 것과 높은 것이 나열하니, 귀한 것과 천한 것이 자리 잡는다. 움직였다가〔動〕 멈추었다가〔靜〕 하는 것에 일정한 법칙〔常道〕이 있으니, 굳세게〔剛〕 할 것과 부드럽게〔柔〕 할 것이 결정된다. 같은 방위에는 같은 종류끼리 모이고 만물은 무리를 지어 나누어지니, 여기에서 길하고 흉함이 생겨난다. 하늘에서는 상象을 이루고 땅에서는 형체形體를 이루어 변화가 나타난다.

《주역》〈계사전繫辭傳 상 제1장〉

〈공자께서 말씀하셨다.〉 "하늘의 기운과 땅의 기운이 감응하고 쌓여 만물이 응결하고, 암컷과 수컷이 교합하여 만물이 생겨난다.

《주역》〈계사전 하 제5장〉

옛날에 포희씨包犧氏(복희씨伏羲氏)가 천하에 왕이 되었을 때, 위로 우러러보아 하늘이 드리우는 진리의 형상을 보았고, 아래로 굽어보아 땅의 법칙을 보았으며, 새와 짐승의 삶의 이치와 땅의 생리를 관찰하였다. 가깝게는 자기 몸에서 진리를 취하고, 멀게는 만물에서 취하였다. 그리하여 그 진리를 표현하는 팔괘八卦를 만들어 신명의 덕에 통하게 하고, 만물의 실상을 분류하고 정돈했다.

《주역》〈계사전 하 제2장〉

복희씨伏羲氏

〈복희팔괘도伏羲八卦圖〉

하늘이 뭇 백성을 낳으셨으니
모든 것엔 제각각 법칙 있도다.
그러기에 백성들의 떳떳한 본성
아름다운 인품을 좋아한다네.
하늘이 주나라를 살펴보시고
잠깐 동안 이 땅으로 내려오시어
이렇게 밝은 천자 보호하고자
중산보仲山甫, 그 사람을 낳으셨도다.

《시경》〈대아大雅 탕지십蕩之什 증민烝民〉

2. 세계의 운행運行

유교에서는 이 세계의 운행을 하늘의 작용으로 이해하였지만, 하늘을 사람의 본질과 연결되어 있는 존재로 파악함으로써 이 세계의 운행이 사람의 마음과 의지에 의하는 것으로 설명한다. 천심天心을 민심民心으로 이해하는 논리구조가 바로 이러한 데서 연유한다.

그리고 비가 오고 바람이 부는 자연현상까지도 하늘의 작용으로만 생각하지 않고, 사람의 마음과 의지에 의하여 좌우되는 것으로 이해하기 때문에, 유교에서는 자연재해가 발생하면 그 이유를 사람의 정치적 실정의 결과로 돌려 정치적 책임자에게 그 책임을 추궁하는 논법이 성립한다. 따라서 이러한 사상은 정치가로 하여금 정치를 담당함에 있어 하늘을 두려워하고 민심을 두려워하도록 하는 효과를 가져 오기도 하였다.

자장子張이 물었다. "열 왕조 뒤의 일을 알 수 있습니까?"

공자께서 말씀하셨다. "은나라는 하나라의 예禮를 인습하였으니 손익하고 가감한 것을 알 수 있으며, 주나라는 은나라의 예를 인습하였으니 손익하고 가감한 것을 알 수 있다. 그 누군가 주周를 계승하는 자가 있다면 백 왕조 뒤의 일이라 할지라도 알 수 있을 것이다."

《논어》〈위정爲政 제23장〉

자장子張

만장萬章이 말하였다. "요堯가 천하를 순舜에게 주었다 하니, 그런 일이 있었습니까?" 맹자께서 말씀하셨다. "아니다. 천자는 천하를 남에게 줄 수 없다." "그렇다면 순이 천하를 소유한 것은 누가 주신 것입니까?" "하늘이 주신 것이다." "하늘이 주었다는 것은 이러쿵저러쿵 명령한 것입니까?" "아니다. 하늘은 말로 하지 않으신다. 행실과 일로써 보여주실 뿐이다."

"행실과 일로써 보여주셨다는 것은 어떻게 한 것입니까?" "천자가 사람을 하늘에 천거할 수는 있을지언정, 하늘로 하여금 그에게 천하를 주게 할 수는 없으며, 제후諸侯가 사람을 천자에게 천거할 수는 있을지언정, 천자로 하여금 그에게 제후 자리를 주게 할 수는 없으며, 대부가 사람을 제후에게 천거할 수는 있을지언정, 제후로 하여금 그에게 대부 자리를 주게 할 수는 없는 것이다. 옛적에 요가 순을 하늘에 천거함에 하늘이 받으셨고, 백성들에게 드러냄에 백성들이 받아들였다. 그러므로 '하늘은 말씀하지 않고 행실과 일로써 보여주실 뿐이다.'라고 한 것이다."

"감히 묻겠습니다. 하늘에 천거함에 하늘이 받아주시고, 백성들에게 드러냄에 백성들이 받아주었다는 것은 어떻게 한 것입니까?"

"순으로 하여금 제사를 주관하게 함에 온갖 신들이 흠향하였으니, 이는 하늘이 받아주신 것이고, 일을 주관하게 함에 일이 잘 다스려져 백성들이 편안하게 여겼으니, 이는 백성들이 받아준 것이다. 하늘이 이것을 준 것이며 백성들이 준 것이기 때문에, '천자가 천하를 남에게 줄 수 없다.'고 말하는 것이다. 순이 요를 돕기를 28년 동안 하셨으니, 이는 인력으로 할 수 있는 것이 아니라 천운天運이다. 요가 붕어하시거늘, 3년 상을 마치고, 순이 요의 아들을 피하여 남하南河의 남쪽으로 가 계셨는데, 천하의 제후로서 조회하는 자들이 요의 아들에게 가지 않고 순에게 갔으며, 옥사獄事를 송사하는 자들이 요의 아들에게 가지 않고 순에게 갔으며, 덕德을 구가謳歌하는 자들이 요의 아들을 구가하지 않고 순을 구가하였다.

그러므로 '천운'이라고 말한 것이다. 그런 뒤에야 서울에 가서 천자의 지위에 나아가셨으니, 만일 요의 궁궐에 거하여 요의 아들을 핍박하였다면, 이는 찬탈이요, 하늘이 주신 것이 아니다. 〈태서泰誓〉에 이르기를 '하늘의 봄이 우리 백성의 봄으로부터 하며, 하늘의 들음이 우리 백성의 들음으로부터 한다.' 하였으니, 이것을 말한 것이다."

《맹자》〈만장장구萬章章句 상 제5장〉

무왕武王이 기자箕子를 찾아가서 말했다.

"오오, 기자여! 하늘이 슬머시 밑의 백성들을 안정시켜 놓고 그들의 삶을 도와 화목하게 하시나, 나는 그 인륜을 펼쳐 시행할 줄을 모릅니다."

기자가 말했다. "나는 들으니, 옛날에 곤鯀이 홍수를 막아 오행을 어지럽게 펼치니, 하느님이 크게 진노하사 홍범구주洪範九疇를 내려주지 않으시어 이륜彝倫이 무너지게 되었습니다. 곤이 귀양 가 죽고, 우禹가 뒤를 이어 일어나자, 하늘은 우에게 홍범구주를 내리시어 이륜彝倫이 펼쳐지게 되었습니다.

첫째는 오행五行이고, 다음 둘째는 공경함을 유지하는 것이니 오사五事로써 하고, 다음 셋째는 농사를 짓는 것이니 팔정八政으로써 하고, 다음 넷째는 조화를 이루는 것이니 오기五紀로써 하고, 다음 다섯째는 세우는 것이니 황극皇極으로써 하고, 다음 여섯째는 다스리는 것이니 세 가지 덕으로써 하고, 다음 일곱째는 밝히는 것이니 의심나는 것을 살피는 것으로써 하고, 다음 여덟째는 헤아리는

기자箕子를 찾아간 무왕武王

것이니 여러 조짐으로써 하고, 다음 아홉째는 응해주는 것이니 다섯 가지 복으로써 하고, 위엄을 보이는 것이니 육극六極으로써 하는 것입니다.

첫째, 오행은 첫째는 물〔水〕, 둘째는 불〔火〕, 셋째는 나무〔木〕, 넷째는 쇠〔金〕, 다섯째는 흙〔土〕입니다. 물은 적시고 내려가는 것이고, 불은 타고 올라가는 것이고, 나무는 굽고 곧은 것이고, 쇠는 따르거나 바뀌는 것이고, 흙은 심고 거두는 것입니다. 적시고 내려가는 것은 짠맛〔鹹〕을 만들고, 타고 올라가는 것은 쓴맛〔苦〕을 만들고, 굽고 곧은 것은 신맛〔酸〕을 만들고, 따르고 바뀌는 것은 매운맛〔辛〕을 만들고, 심고 거두는 것은 단맛〔甘〕을 만듭니다.

둘째, 다섯 가지 일이란 첫째는 모습〔貌〕이고, 둘째는 말〔言〕이고, 셋째는 보는 것〔視〕이고, 넷째는 듣는 것〔聽〕이고, 다섯째는 생각하는 것〔思〕입니다. 모습은 공손해야 하고, 말은 순리대로 해야 하고, 보는 것은 눈 밝아야 하고, 듣는 것은 귀 밝아야 하고, 생각하는 것은 깊고 밝아야 합니나. 공손한 모습을 하면 엄숙함을 만들고, 순리대로 하면 다스림을 이루며, 눈이 밝으면 사리에 밝아지게 되고, 귀가 밝으면 일이 잘 풀리게 되며, 깊고 밝아지면 성스러워지게 됩니다.

셋째, 여덟 가지 정사〔八政〕라는 것은 첫째는 먹는 것〔食〕이고, 둘째는 재화〔貨〕이고, 셋째는 제사〔祀〕이고, 넷째는 땅을 다스리는 것이고, 다섯째는 백성을 가르치는 것이고, 여섯째는 범죄를 다스리는 것이고, 일곱째는 손님 접대하는 것이고, 여덟째는 나라를 방어하는 것입니다.

넷째, 다섯 가지 기율〔五紀〕이라는 것은 첫째는 해, 둘째는 달, 셋째는 날, 넷째는 별, 다섯째는 역법曆法의 계산입니다.

다섯째, 황극皇極이란 임금이 그 목표로 삼을 진리의 삶을 확립하는 것이니, 이 다섯 가지 복을 수렴하여 여러 백성들에게 펼쳐주면, 여러 백성들이 그대가 세운 진리의 삶을 따르고, 그대와 하나가 되어 그 진리의 삶을 보존할 것입니다.

무릇 여러 백성들이 음란하거나 붕당을 짓지 않고, 사람들이 패거리를 짓는 일이 없는 것은 오직 임금이 목표로 삼을 진리의 삶을 만들었기 때문입니다. 무릇 여러 백성들이 꾀함이 있고 행함이 있고 지킴이 있는 것을 그대는 생각해야 하며, 목표로 삼아야 할 진리의 삶에 어울리지 않더라도 잘못에 해당되지 않으면, 임금은 수용하되 그대의 얼굴빛을 편안하게 하십시오. 만약 '저는 덕을 좋아하는 사람입니다.'라고 말할 경우 그대가 그에게 복을 주면 그 사람은 오직 임금을 삶의 표준으로 삼을 것입니다. 외로운 자나 홀로된 자를 학대하거나 고명高明한 자를 두려워하지 마십시오. 사람 중에 능력이 있고 잘할 수 있는 자로 하여금 정치하는 데로 나아가게 하면 그대의 나라가 번창할 것입니다.

무릇 벼슬하는 사람들은 부유하게 되고 나서야 비로소 착해지는 것이니, 그대가 그들을 그대의 왕가에 대해 우호적으로 되게 하지 못하면 그 사람들은 곧 죄를 지을 것입니다. 그들이 덕을 좋아함이 없으면 그대가 비록 그들에게 복을 주더라도 그들은 그대에게 허물을 덮어씌울 것입니다.

치우침이 없고 기울어짐이 없어서 왕의 의리에 따르며, 사사로이 좋아하는 것을 만들지 말아서 왕의 도리에 따르며, 사사로이 미워함을 만들지 말아서 왕의 길을 따르십시오. 치우침이 없고 당파가 없으면 왕의 도가 탄탄할 것이며, 마음을 거꾸로 가지거나 삐딱하게 가지는 일이 없어야 왕의 도가 바르고 곧게 되어, 〈모든 것이〉 진리의 삶으로 모아지고, 진리의 삶으로 돌아올 것입니다. 임금이 진리의 삶의 내용을 말로 펼쳐내어야 한다고 말하는 것은 그것이 윤리가 되고 그것이 교훈이 되기 때문이니, 그것은 하늘이 가르쳐주신 것입니다. 무릇 여러 백성들이 진리의 삶의 내용을 펼쳐 말하는 것은 그것을 교훈으로 삼아야 하고 그것을 행해야 하기 때문입니다. 그래야만 천자의 광명光明에 가까이 가는 것입니다. 그래서 '천자가 백성들의 부모가 되어야 천하의 왕이 된다.'고 한 것입니다.

여섯째, 세 가지 덕이라는 것은 첫째는 바르고 곧은 것이고, 둘째는 강함을 가지고 다스리는 것이고, 셋째는 부드러움을 가지고 다스리는 것이니, 평화롭고 편안한 자는 바르고 곧게 다스리고, 강하여 따르지 않는 자는 강함을 가지고 다스리며, 조화롭게 따르는 자는 부드러움을 가지고 다스리고, 축 처져서 빠져 있는 자는 강함을 가지고 다스리며, 높고 현명한 자는 부드러움을 가지고 다스립니다.

오직 임금만이 복을 내릴 수 있고, 오직 임금만이 위세를 쓸 수 있으며, 오직 임금만이 진귀한 음식을 받을 수 있는 것입니다. 신하는 복을 내리거나 위세를 쓰거나 진귀한 음식을 받을 수 없습니다. 신하가 복을 내리고 위세를 쓰고 진귀한 음식을 받는다면 그대의 왕가王家에 해를 끼치며, 그대의 나라에 흉한 일이 일어나 사람들이 기울고 비뚤어지고 치우치며 백성들이 어긋나고 간악해질 것입니다.

일곱째, 의심나는 것을 살피는 것은 점치는 사람을 가려 세우고서 그들에게 명하여 점을 치게 하는 것입니다. '비가 온다.'는 것, '갠다.'는 것, '불투명하다.'는 것, '멈추어야 한다.'는 것, '해낼 수 있다.'는 것이며, '참아야 한다.'는 것과 '후회한다.'는 것이니, 무릇 일곱 가지입니다. 거북점이 다섯 가지이고, 시초점蓍草占이 두 가지이니, 잘못된 것을 헤아리는 것입니다. 마땅한 사람을 세워 점을 치게 하는데, 세 사람으로 하여금 점을 치게 해서 두 사람의 말을 따릅니다. 그대에게 큰 의심이 있거든, 그대의 마음으로 헤아리고, 경사卿士들에게 헤아리게 하고, 서인庶人들에게 헤아리게 하고, 점을 쳐서 헤아리게 하십시오.

그대가 긍정하고 거북점이 긍정하고 시초점이 긍정하고 경사가 긍정하고 서민이 긍정하면 이를 '대동大同'이라 하는 것이니, 몸이 편안하고 건강하며 자손이 길한 일을 만날 것입니다. 그대가 긍정하고 거북점이 긍정하고 시초점이 긍정하고 경사가 부정하고 서민이 부정해도 길합니다. 경사가 긍정하고 거북점이 긍정하고 시초점이 긍정하고 그대가 부정하고 시민이 부정해도 길합니다.

점치는 사람을 가려 세우다

서민이 긍정하고 거북점이 긍정하고 시초점이 긍정하고 그대가 부정하고 경사가 부정해도 길합니다. 그대가 긍정하고 거북점이 긍정하고 시초점이 부정하고 경사가 부정하고 서민이 부정하면 내부의 일을 하는 것은 길하고 외부의 일을 하는 것은 흉합니다. 거북점과 시초점이 다 사람의 뜻과 반대되면, 고요한 일을 하는 것은 길하고 움직이는 일을 하는 것은 흉합니다.

여덟째, 여러 가지 조짐을 보인다는 것은 '비 오는 것' '햇빛 나는 것' '따뜻한 것' '추운 것' '바람 부는 것'을 말하는 것이니, 이 다섯 가지가 갖추어지되 각각 순서에 맞으면 모든 풀도 번창하고 무성하지만, 하나가 너무 많이 갖추어져도 흉하고 하나가 너무 없어도 흉하다고 하는 것입니다.

좋은 조짐이라는 것은 '엄숙하면 단비가 내리고', '잘 다스리면 알맞게 햇빛이 비치고', '밝게 다스리면 알맞게 따뜻하고', '모의가 잘 진행되면 알맞게 춥고', '성스럽게 하면 알맞게 바람이 부는 것'입니다. 나쁜 조짐이라는 것은 '미치면 지나친 비가 내리고', '분수에 넘쳐 우쭐대면 햇빛이 너무 심하고', '기뻐서 독점을 하면 너무 덥고', '급하면 너무 춥고', '욕심에 가려져 어두우면 지나친 바람이 부는 것'입니다.

'왕이 살필 것은 해이고, 경사는 달이고, 사윤師尹은 날입니다. 해·달·날에 때가 바뀜이 없으면, 백곡이 풍성해지며, 다스림이 밝아지며, 빼어난 백성들이 빛이 나며, 집집마다 화평하고 편안해질 것입니다. 날·달·해에 때가 이미 바뀌어버리면 백곡이 익지 않고, 다스림이 혼미하여 밝아지지 않으며, 빼어난 백성들이 미미해지며, 집집마다 편안하지 않게 될 것입니다. 서민은 오직 별이니 별에는 바람을 좋아하는 것이 있고, 비를 좋아하는 것이 있습니다. 해와 달의 운행은 겨울이 있고 여름이 있습니다. 달이 별을 따르는 것을 가지고 바람과 비를 알 수 있다.'고 하는 것입니다.

아홉째, 다섯 가지 복은 첫째는 오래 사는 것이고, 둘째는 부유하게 되는 것이고, 셋째는 건강하고 편안한 것이고, 넷째는 덕을 좋아하는 것이고, 다섯째는 목숨을 잘 살펴서 마치는 것입니다. 여섯 가지 비극은 첫째는 횡사하거나 일찍 죽는 것이고, 둘째는 아픈 것이고, 셋째는 걱정이 있는 것이고, 넷째는 가난한 것이고, 다섯째는 악독한 것이고, 여섯째는 나약한 것입니다."

《서경》〈주서 홍범洪範〉

3. 종말終末

유교에서는 근본적으로 종말론終末論이 존재하지 않는다. 인간을 육체적인 존재로 볼 때는 태어남과 죽음이라고 하는 시작과 종말이 존재하지만, 천명天命을 가진 존재, 성性을 실천하는 존재로 파악한다면 태어남과 죽음이 없기 때문이다. 이와 마찬가지로 이 우주나 세상에 대해서도 물질적 존재로 파악한다면 시작과 종말이 있을 것이지만 천명이 나타난 형태로 보고 그 본질을 천명으로 간주한다면 시작과 종말이 없다.

지구地球는 시작과 종말이 있지만 지구를 운행하는 하늘의 작용에는 시작과 종말이 없기 때문에, 지구를 하늘의 작용이 나타난 하나의 형태로 간주함으로써 지구의 본질을 천명으로 이해한다면 지구는 시작과 종말이 있을 수 없다. 물질적인 지구가 종말을 맞이하면 천명은 또 새로운 형태의 지구를 만들어낼 것이므로 천명의 입장에서 판단한다면 모든 것은 영원하다. 그러므로 유교의 이러한 사고방식 때문에 유교에는 종말론이 강하게 대두되지 않는다. 반면에 유교에서는 하늘의 뜻을 따르는 것과 그렇지 못한 것을 변별하는 것에 관심이 집중될 뿐이다.

하늘의 뜻에 따르는 사람은 종말을 초월하여 영원성을 확보하지만 그렇지 못한 사람은 단절된 삶을 살 수밖에 없는 존재로 이해된다. 이러한 논리가 가장 여실히 적용되는 것이 왕조王朝의 흥망성쇠興亡盛衰이다. 왕조의 흥망성쇠는 하늘의 뜻에 따르고 하늘의 뜻은 백성들의 뜻에 따른다. 이러한 이론을 바탕으로 유교에서는 정치적 담당자로 하여금 백성의 뜻에 따르도록 각성시키는 데 관심을 집중한다. 다시 말하면 유교의 종말론은 백성의 뜻을 따르지 않으면 왕조가 멸망하고 만다는 정치논리를 전개하게 된 것이다.

3월에 주공周公이 새 도읍지인 낙洛에 처음으로 가서 상商나라 왕사王士들에게 〈성왕成王의 명령을〉 고하였다. 왕이 다음과 같이 말했다. "그대들 은나라의 유신遺臣인 여러 선비들이여! 무정한 하늘이

상나라 왕사王士들에게 성왕成王의 명령을 고하는 주공周公

크게 은나라에 멸망을 내리시니, 우리가 주나라를 도와주시는 천명을 받고, 하늘의 밝은 위엄을 받들어, 왕이 내려야 할 벌을 이루어서, 은나라의 명을 바로잡았으니, 하느님에 의해 끝난 것이다. 그러므로 너희 여러 선비들이여, 우리 작은 나라가 감히 은나라의 명을 끊은 것이 아니라, 오직 하늘이 베풀어주지 않으신 까닭은 진실로 어지러운 것을 견고하게 해주지 않기 때문이다. 그리하여 우리를 도와주신 것이니, 우리가 감히 천자의 자리를 탐했겠는가. 오직 하느님께서 은나라에 베풀어주지 않으신 까닭은 오직 아래에 있는 우리 백성들이 변하지 않는 마음을 가지고 행하기 때문이니, 오직 하늘은 밝고 두려운 것이다.

나는 다음과 같이 들었다. '하느님께서 안락하도록 인도하셨으나 하나라가 안락한 방향으로 나아가지 않으니, 하느님께서 강림降臨하시어 하夏나라에 방향을 제시하셨다. 그런데도 하느님의 뜻을 받아들이지 못하고, 매우 음란하고 방일하며 변명을 늘어놓았다. 이에 하느님이 염려하거나 들어주지 않으시고 봐주시지 않고 벌을 내리셨다. 그리하여 그대의 선조인 탕湯임금에게 명하여 하나라의 명을 바꾸어 빼어난 백성을 데리고 사방을 다스리게 하셨다. 탕임금으로부터 제을帝乙에 이르기까지 덕을 밝히고 제사를 걱정하지 않음이 없었다. 그러자 또 하느님이 은나라를 크게 세워 보호하고 살펴주셨고, 은나라 임금도 또한 감히 하느님의 뜻을 잃지 않고, 하느님과 짝이 되어 백성들에게 혜택을 베풀지 않음이 없었다.' 지금 대代를 이은 왕인 주紂는 하늘의 뜻에 대해서도 밝은 것이 전혀 없는데, 하물며 선왕들이 부지런히 세워놓은 왕실에 대해 관심을 갖거나 염려한다고 할 수 있겠는가! 매우 음란하고 방일하여 하늘의 도리를 드러내고 백성들을 공경하는 일에 대해 돌아보지 않았다. 이에 하느님이 보호하지 않으시고 이와 같은 큰 멸망의 벌을 내리셨다. 하느님이 도와주지 않으신 까닭은 덕을 밝히지 않았기 때문이다. 무릇 사방의 작고 큰 나라들이 망한 것은 벌 받는 일에 대해 변명함이 있었기 때문이었다."

왕이 다음과 같이 말했다. "그대들 은나라의 여러 선비들이여! 지금 오직 우리 주나라 왕은 하느님의 일을 매우 신통하게 받들고 계신다. 하느님이 '은나라를 빼앗아라.' 하고 명령하시므로 하느님께 바로잡았다고 보고하신 것이다. 우리가 일을 할 때 은나라를 의심하거나 적으로 여기지 않았다. 오직 너희들 왕가에서 우리를 적으로 여겼다. 내가 말하기를 '오직 그대들이 매우 무도하니 우리들이 그대들을 동요시킨 것이 아니라 그대들이 나라에서 동요한 것이다.' 하였다. 나는 또한 생각하니, 하느님이 은나라에 나아가 크게 재앙을 내리신 것은 그대들이 바르지 않았기 때문이다."

《서경》〈주서 다사多士〉

하느님이 버리시니 백성들이 고달프고
하는 말 다 틀리고 하는 일 다 꼬이며
성인聖人들이 버려지고 일마다 부실하여
일마다 잘못되니 크게 한번 간합니다.

하느님이 이 세상을 어렵도록 하시는데
그렇게 느긋하면 어찌하려나
하느님이 이 세상을 무너뜨리시는데
그처럼 태평하면 어찌하려나
하시는 말 화목하면 백성들이 융화되고
하시는 말 기꺼우면 백성들이 안정되리.

내 하는 일 다르지만 그대들과 같은 동료
내 그대와 의논해도 내 말을 흘려 듣네.
내 하는 말 긴급하니 우스개로 듣지 마오.
옛 분들이 말했지요. 나무꾼에게도 물으라고.

하느님이 이 세상을 학대虐待하고 계시거늘
그렇게 장난하면 어찌하려나
늙은 내가 성심誠心으로 말하는데도
젊은 그대 교만驕慢하여 들으려 않네.
내 말은 망령된 말 아니건마는
그대들은 걱정거릴 장난질 치네.
말 많으면 성만 내니 약으로도 못 고치리.

하느님이 이 세상에 화를 내고 계시거늘
그렇게 자만自滿하면 어찌하려나

위의威儀는 빛을 잃고 선인善人들은 발 묶였네.
백성들이 신음하며 울부짖는데
나에게는 한번도 의논 없구나.
나라가 혼란하여 살길이 막막해도
우리 백성 고달픔을 아랑곳 않네.

하느님이 이 세상을 인도하심은
나팔 피리 소리처럼 온화하시며
반쪽 홀笏을 합치듯이 미더우시며
밀어주듯 끌어주듯 자상하시니
백성을 이끄는 일 막지만 않는다면
백성들 이끌기란 어려운 일 아니지요.
백성 중에 간사한 자 많다고 해도
저절로 간사해진 것이 아니오.

착하고 어진 이는 나라 울타리
수많은 백성들은 나라의 담장
제후諸侯들은 나라의 병풍들이고
종친宗親들은 나라의 기둥들이라.
덕 있는 사람들이 나라 안정시키고
임금의 맏아들은 나라를 지키는 성城
이 성이 무너지지 않게 하여

애오라지 두려운 일 없게 하소서.

하느님의 노여움을 경건하게 살피시어
희희낙락喜喜樂樂 즐기는 일 아예 마소서
하느님의 화내심을 경건하게 살피시어
마음대로 치닫는 일 아예 마소서
넓고 넓은 하느님은 밝고 밝아서
그대와 나고 듦을 함께하시고
넓고 넓은 하느님은 환하고 환해
그대가 노는 곳에 함께 계시네.

《시경》〈대아大雅 생민지십生民之什 판板〉

제4장

인간관, 종교적 체험

요堯와 순舜

유교사상은 중용사상中庸思想이고 중용사상의 핵심은 동이족東夷族의 인仁 사상과 서부족의 지知 사상의 조화로운 통합을 꾀한 것이기 때문에 유교의 인간관은 기본적으로 인 사상을 바탕으로 한 성선설적性善說的 인간관과 지 사상을 바탕으로 한 성악설적性惡說的 인간관으로 대별된다. 그런데 성악설적 인간관은 주로 인간의 육체적 존재를 근본으로 생각하는 합리적 인간관이기 때문에 종교적 인간관이 되지 못한다. 따라서 유교의 종교적 성격에서 파악되는 인간관은 주로 성선설적 인간관이다.

성선설적인 인간관에 의하면, 인간은 누구나 하늘의 뜻을 받아 태어나는 착한 존재로서 애당초 하늘과 분리되지 않는 존재로 파악된다. 그러나 인간은 자라면서 의식이 형성되어 그것이 자기중심적으로 작용함으로써 욕심이 생겨나고, 그 욕심에 의하여 남을 해치려는 악한 마음이 생겨나 악한 사람으로 전락하는 것으로 파악된다. 인간은 다소의 차이는 있을지언정 누구나 악한 사람으로 전락한 것에 있어서는 동일하다.

따라서 인간은 악한 상태를 극복하여 본래의 착한 상태로 돌아가야 하는 과제를 부여받게 된다. 이 과제를 완수하여 완벽하게 본래의 착한 상태로 돌아간 사람이 성인聖人이고, 거의 완벽한 상태에 접근한 사람이 현인賢人이며, 50퍼센트 이상 회복한 사람이 군자君子이고 50퍼센트를 회복하지 못한 사람이 소인小人이다. 이러한 분류에서 본다면 성인이나 현인은 군자의 범주에 포함되는 개념이다.

사람이 스스로 소인임을 자각하고 소인의 한계를 극복하기 위하여 노력하게 되는 것을 유교에서는 종교적 체험이라고 할 수 있다. 그러나 유교에서는 개인의 종교적 체험을 그다지 중시하지 않는다. 왜냐하면 유교에서는 학문學問의 기회가 일반화되어 있었으므로 누구나 학문을 하기만 하면 군자가 될 수 있고 현인이 될 수 있으며 성인이 될 수 있기 때문에 종교적 체험을 강조하기보다는 학문을 강조하는 데 역점을 두었다. 학문이 아닌 다른 종교적 노력을 통하여 구제될 수밖에 없는 것이라면 종교적 체험은 그만큼 강조될 수밖에 없을 것이다. 그러나 학문을 통해서 모든 구원이 가능하다고 한다면 종교적 체험보다는 학문에의 입지立志가 더 강조될 것이다. 그러므로 타종교에서의 종교적 체험은 유교에서 학문에의 입지로 바뀌어 나타난다.

성선설적 사유체계를 간직하고 있는 사람이 인자仁者의 부류에 속하는 사람이고, 성악설적 사유체계를 간직하고 있는 사람이 지자知者의 부류에 속하는 사람으로 분류된다. 인자에게서도 장점과 단점이 있고 지자에게서도 장점과 단점이 있다. 인자의 장점과 지자의 장점을 동시에 간직하고 있는 사람이 군자이고, 인자의 단점과 지자의 단점을 동시에 간직하고 있는 사람이 소인이다.

1. 종교적 체험

유교에서의 종교적 체험은 타종교에서만큼 중시되지 않는다.

왜냐하면 타종교에서의 구원救援은 대부분 심각한 좌절을 경험하는 데서 출발하고, 또 그 좌절을 극복하는 과정에서 경험하게 되는 극적인 종교적 체험을 통해서 극복되기 때문에 종교적 체험이 매우 중시된다. 그러나 유교에서는 요순堯舜 이래로 정착되어 온 학문의 길이 이미 열려 있기 때문에 누구나 이 학문에 정진하기만 하면 인간의 모든 문제가 해결되는 길이 저절로 열리기 때문이다. 그러므로 유교에서는 학문의 대상인 진리를 추구하는 것이 중시되고, 그것이 구체적으로 학문에 대한 입지의 강조로 표현된다.

공자께서 말씀하셨다. "아침에 도를 들으면 저녁에 죽어도 좋다."

《논어》〈이인里仁 제8장〉

맹자께서 말씀하셨다. "스스로를 해치는 자는 함께 진리를 말할 수 없고, 스스로를 버리는 자는 더불어 진리로 나아갈 수 없다. 말로써 예의를 비방하는 것을 스스로를 해치는 것이라 하고, 내 몸이 인仁에 있거나 의義를 말미암을 수 없다고 하는 것을 스스로를 버리는 것이라 한다. 인은 사람의 편안한 집이고 의는 사람의 바른 길이다. 편안한 집을 비워두고 거처하지 않으며, 바른 길을 버려두고 따르지 않으니 슬프도다."

《맹자》〈이루장구離婁章句 상 제10장〉

2. 성인聖人

성인은 하늘에서 타고난 본래의 성품을 완벽하게 회복하여 실천하고 있는 사람을 말한다. 이러한 의미에서 성인은 하늘과 합일合一되는 존재이다. 갓난아이는 하늘에서 타고난 본래의 성품을 완벽하게 가지고 있다 하더라도 성인이 아니다. 왜냐하면 갓난아이는 아직 자의식自意識이 형성되기 전의 단계이므로 자의식이 형성되면서 본래성本來性을 상실할 가능성이 있지만, 성인은 자의식이 형성된 이후에 다시 본래성을 회복한 사람이므로 본래성을 상실할 가능성이 없다. 또 갓난아이는 의식이 형성되지 않았기 때문에 남을 사랑하고 구제하는 역할을 할 수 없지만, 성인은 의식이 있기 때문에 남을 사랑하고 구제하는 역할을 수행할 수 있는 존재이다. 이러한 의미에서 성인과 갓난아이는 차이가 있다.

하늘은 만물萬物을 낳고 사랑하며 사람을 사랑하고 구원하지만, 말을 할 수 없고 행동할 수 없기 때문에 직접 사람을 구원할 수 없다. 따라서 하늘이 사람을 구원하는 것은 하늘의 뜻을 실천하면서 말을 할 수 있고 행동할 수 있는 성인을 통하여 대행한다. 성인의 중요성은 이러한 의미에서 극대화된다.

그러므로 역易은 성인이 심오함을 다하고 조짐을 연구하는 수단이다. 심오하기 때문에 세상의 이치에 통할 수 있고 조짐을 보고 움직이기 때문에 천하의 일을 성취할 수 있다. 그 작용이 신묘하므로 빨리 가지 않아도 빠르고, 가려고 의도하지 않아도 이를 수 있다. 공자께서 말씀하신 "《주역周易》에 성인의 도가 네 가지 있다."고 한 것이 이것을 말한다. 《주역》〈계사전繫辭傳 상 제10장〉

3. 현인賢人

현인은 성인의 경지에 거의 가까이 갔으나 아직 성인이 되지는 못한 사람을 말한다. 성인은 만고萬古에 불변하는 진리를 말하기 때문에, 성인의 말씀을 기록한 책은 불변하는 진리를 담고 있다는 의미에서 '경經'이라 칭한다. 그러나 성인이 되려고 노력하는 과정에 있는 현인은 성인의 말씀을 풀이하고 설명하는 입장을 취하기 때문에, 현인의 말씀을 기록한 책은 성인의 말씀을 전한다는 의미에서 '전傳'이라 한다.

안회顔回

공자께서 말씀하셨다. "현명하도다, 안회顔回여!

밥 한 그릇을 먹고 물 한 대접을 마시며 누추한 골목에서 사는 것을, 남들은 근심하여 견뎌내지 못하지만 안회는 그 즐거움을 바꾸지 아니하니 현명하도다, 안회여!"

《논어》〈옹야雍也 제9장〉

4. 인자仁者

인자仁者와 지자知者는 사람의 유형을 분류하여 붙인 개념이다. 사람 중에는 정신을 중시하는 사람이 있고 육체를 중시하는 사람이 있으며, 형이상학적形而上學的 경향성이 강한 사람이 있고 형이하학적形而下學的 경향성이 강한 사람이 있다. 전자의 부류에 속하는 사람이 인자이다.

정신세계는 궁극적으로 하나로 귀일歸一되므로 인자는 만물일체주의萬物一體主義를 바탕으로 한 성선설적性善說的 사고를 갖는다. 인자의 부류에 속하는 사람은 남을 자기와 동일시하기 때문에 남의 불행을 자기의 불행으로 알고 돕는 장점도 있지만, 남의 힘이나 권위를 이용하여 자기가 덕을 보려고 하는 의타심이 생기기도 한다. 이 중에서 장점에 해당하는 것이 인仁이다.

공자께서 말씀하셨다. "사람이 되어서 인仁하지 못하면 예禮를 어떻게 실천하며, 사람이 되어서 인하지 못하면 음악을 어떻게 하겠는가!"

《논어》〈팔일八佾 제3장〉

공자께서 말씀하셨다. "인하지 못한 자는 오랫동안 곤궁한 데 처할 수 없으며 장시간 즐거움에 처할 수 없으니, 인한 자는 인을 편안하게 여기고 지혜로운 자는 인을 이롭게 여긴다."

《논어》〈이인里仁 제2장〉

공자께서 말씀하셨다. "오직 인한 자만이 남을 좋아할 수 있고 남을 미워할 수 있다." 《논어》〈이인 제3장〉

5. 지자知者

지자는 물질적·육체적 요소를 중시하고 형이하학적形而下學的 경향성을 갖는 사람의 범주에 속하는 사람을 분류하여 일컫는 말이다. 인간의 육체적 요소로 보면 모든 사람은 각각 구별되는 개별적 존재이고 만물과 사람도 각각 구별되는 별개의 존재이다. 따라서 육체적인 요소를 기준으로 모든 것을 판단하는 지자는 남과 자기를 엄격하게 구별한다.

이러한 사고방식에 입각하면, 사람들은 자신의 삶을 위해서 남과 경쟁하고 투쟁하는 존재로 파악되므로, 성악설적性惡說的 사고를 하게 된다. 성악설적 사고를 하게 되면 악한 사람들이 살아가는 이 세상을 평화롭게 유지하기 위해서 규칙이나 예절 또는 법을 중시하게 된다.

지자들에게는 개인적 주체성과 책임감을 강조하고 법질서와 규칙을 잘 지키는 장점이 있지만, 남의 불행을 보고도 냉담하게 대처하는 단점이 있을 수 있다. 따라서 유교에서는 인자의 장점과 지자의 장점을 융합하여 간직하는 완벽한 사람을 성인聖人으로 정의한다.

공자께서 말씀하셨다. "지혜로운 자는 물을 좋아하고 어진 자는 산을 좋아하며 지혜로운 자는 잘 움직이고 어진 자는 고요하며 지혜로운 자는 즐기고 어진 자는 오래 산다."

《논어》〈옹야 제21장〉

공자께서 말씀하셨다. "오직 지극히 지혜로운 자와 지극히 어리석은 자는 변화시킬 수 없다." 《논어》〈양화陽貨 제3장〉

6. 군자君子

군자는 정치적으로는 관직官職에 있는 사람을 말하고, 도덕적으로는 덕德을 가진 사람을 말하며, 학문적으로는 학문學問에 뜻을 둔 선비를 말한다.

덕을 가진 사람은 선善을 행하고 덕을 갖지 않은 사람은 악惡을 행하는데, 선을 행하는 정도가 악을 행하는 정도보다 많은 사람은 모두 군자의 범주範疇에 포함된다. 그리고 그 반대의 경우는 소인의 범주에 포함된다. 따라서 군자와 소인은 상대적인 개념이다. 군자 중에서 덕을 가진 정도가 완벽하면 성인이고, 완벽한 상태에 근접하면 현인이다.

이외에도 부모에게 효도孝道하는 사람, 순수한 사람, 학문을 이룬 사람 등 바람직하고 이상적인 사람을 유교에서는 군자의 범주에 포함시킨다.

공자께서 말씀하셨다. "속마음이 외관을 꾸미는 마음보다 많으면 촌스럽고, 외관을 꾸미는 마음이 속마음보다 많으면 사치스럽다. 외관과 속마음이 어울린 후에야 군자이다."

《논어》〈옹야 제16장〉

공자께서 말씀하셨다. "군자는 두루 어울리지만 당파黨派를 형성하지는 아니하며, 소인은 당파를 형성하지만 두루 어울리지는 않는다."

《논어》〈위정爲政 제14장〉

공자께서 말씀하셨다. "군자는 덕을 좋아하고 소인은 땅을 좋아하며, 군자는 형벌 받는 것을 좋아하고 소인은 혜택 받는 것을 좋아한다."

《논어》〈이인里仁 제11장〉

공자께서 말씀하셨다 "군자는 의義로움에 밝고 소인은 이利로움

에 밝다." 《논어》 〈이인 제16장〉

공자께서 말씀하셨다. "군자는 평온하여 느긋하지만 소인은 늘 조마조마하여 초조해한다." 《논어》 〈술이述而 제36장〉

공자께서 말씀하셨다. "군자는 느긋하되 교만하지 않고, 소인은 교만하되 느긋하지 못하다." 《논어》 〈자로子路 제26장〉

7. 소인小人

소인은 정치적으로는 관직을 갖지 않은 사람을 지칭하는 말이었지만, 도덕적으로는 덕이 없는 사람을 지칭한다. 덕이 없는 사람이란 악惡을 행하는 정도가 선善을 행하는 정도보다 많은 사람을 말한다. 이 중에서 종교적으로 문제가 되는 것은 덕이 없는 사람의 경우이다.

소인에게 가장 문제가 되는 것은 군자가 되려는 노력을 포기하는 경우이다. 그렇지 않고 소인이라 하더라도 스스로 소인임을 자각하고 소인에서 벗어나려는 노력을 한다면 문제될 것이 없다. 소인은 자기의 육체적 요소가 자기의 전부인 줄 알고 그 육체가 필요한 의衣·식食·주住를 확보하기 위해서 남들과 끊임없이 경쟁하며 살아가는 피곤한 사람이다. 그리고 자기의 육체가 늙어갈수록 고통이 증가하다가 절망적인 죽음을 맞이하는 비극적 존재이다. 그러므로 소인은 이를 인식하고 여기에서 벗어나기 위한 노력을 하는 것이 중요하다. 이것이 학문을 향한 입지立志이다.

공자께서 말씀하셨다. "소인은 불인不仁을 부끄럽게 여기지 않고, 불의不義를 두려워하지 않으며, 이익을 보지 않으면 힘쓰지 않고, 무서운 상황을 만나지 않으면 혼이 나지 않는다. 작게 혼이 났는데도 크게 경계를 하게 된다면 이는 소인의 복이다. 《주역周易》 서합괘噬嗑卦 초구初九에 말하기를 '발에 족쇄를 채워 발을 쓰지 못하게 되면 허물이 없다.'라고 한 것은 이것을 말함이다."

《주역》〈계사전 하 제5장〉

〈공자께서 또 말씀하셨다.〉 "선행善行이 쌓이지 아니하면 아름다운 이름을 이룰 수 없고, 악행惡行이 쌓이지 아니하면 자신을 망치지 않을 수 있다. 소인은 조그만 선행을 무익하다고 생각하여 하지 않고, 작은 악행을 해로울 것이 없다고 생각하여 버리지 않는다. 그러므로 악행이 쌓이면 숨길 수 없게 되고, 죄가 커지면 구할 수 없다. 《주역》 서합괘 상구上九에 말하기를 '큰 칼을 메서 귀에 대고 말을 할 수 없으면 흉하다.'고 했다."

《주역》〈계사전 하 제5장〉

공자께서 말씀하시기를, "소인은 가난하면 이를 부족하게 여겨

안달이 나고, 부유해지면 기고만장하여 교만해지는 법이다. 그리하여 안달이 나면 도적질을 하게 되고, 기고만장하면 곧 난을 일으키게 된다. 예禮는 인정人情을 참작하여 알맞게 제한하고 잘 꾸며서 백성들을 보호하는 제방이 된다. 그러므로 성인은 부귀富貴할 때 절제하여 백성으로 하여금 부귀해도 교만하지 않도록 하고, 빈천貧賤해도 안달하지 않도록 하며, 특히 귀한 자로 하여금 윗사람을 원망하거나 나쁜 생각을 품지 않도록 한다. 이렇게 하면 천하가 태평해져 혼란한 일이 더욱 없어지게 되는 것이다."라고 했다.

《예기》〈방기坊記〉

8. 인격人格의 단계와 종류

유교에서는 인격의 종류를 성인, 현인, 군자, 소인 등으로 분류하지만 인간의 인격이 고정된 것이 아니기 때문에 노력에 따라서는 소인이 군자로 발전할 수도 있고, 군자가 소인으로 전락할 수도 있다. 그러므로 무엇보다 중시되는 것은 소인에서 군자로, 현인에서 성인으로 바뀔 수 있도록 노력하는 것이 중요하다.

공자께서 말씀하셨다. "태어나면서 아는 자는 최상이고, 배워서 아는 자는 그 다음이고, 어려움을 겪어서 배우는 자는 또 그 다음이나, 어려움을 겪어도 배우지 아니하면 그런 백성은 하등下等이

된다." 《논어》〈계씨季氏 제9장〉

맹자께서 말씀하셨다.

"임금만을 섬기는 사람이 있으니, 그 임금을 잘 섬기게 되면 만족하고 기뻐하는 자이다. 사직社稷을 편안히 하는 신하가 있으니, 사직을 편안히 하는 것을 기쁨으로 삼는 자이다. 천민天民인 자가 있으니, 통달하여 천하에 행해질 수 있게 된 뒤에 행하는 자이다. 대인大人이란 자가 있으니, 자기를 바르게 함에 남이 바르게 되는 자이다." 《맹자》〈진심장구盡心章句 상 제19장〉

호생불해浩生不害가 물었다. "악정자樂正子는 어떠한 사람입니까?" 맹자께서 말씀하셨다. "착한 사람이고 미더운 사람이다."

"무엇을 착함이라 이르고 무엇을 미더움이라 이릅니까?" "순수한 본마음이 하고자 하는 것을 착함〔善〕이라 하고, 착함을 자기 속에 지속적으로 간직하는 것을 미더움〔信〕이라 하고, 착함이 몸 속에 가득 차는 것을 아름다움이라 하고, 가득 차서 빛을 발함이 있는 것을 대인大人의 경지라 하고, 대인의 경지가 된 뒤에 인간의 굴레를 벗어나는 것을 성인의 경지라 하고, 성스러움〔聖〕의 상태가 되어 남들이 그것을 파악할 수 없게 된 상태가 된 것을 신神의 경지라 한다. 악정자는 두 단계의 가운데 있고 네 단계의 아래에 있다." 《맹자》〈진심장구 하 제25장〉

제5장

수행

《성학십도聖學十圖》 중 〈경재잠도敬齋箴圖〉

유교에서의 수행修行은 다른 종교의 수행과 차이가 있다. 유교에서의 수행 과정은 독특한 형태를 취하는 것이 아니라 학문과 일상생활을 통해서 이루어진다. 그러므로 유교에서는 학문에 대한 입지立志가 강조되고 일상생활을 통한 도덕 실천이 강조된다.

유교의 주된 목적인 본성本性을 실천하고 천명天命을 실천하는 방법 중 하나는, 본성을 왜곡시키는 요소인 이기적인 계산을 억제하고 고요한 마음의 상태를 유지하는 것인데, 이를 위한 가장 적극적인 방법으로 정좌靜坐가 있다. 정좌란 고요히 앉아서 마음의 망념妄念을 모두 잊도록 노력하는 것으로 마음을 경건하게 유지하는 방법이다.

《남명학기유편南冥學記類編》 중 〈경도敬圖〉

이 정좌법靜坐法이 유교의 수행법 중 대표적인 것이라고 할 수 있다. 정좌법은 주로 새벽에 실시한다. 새벽에 일어나자마자 의관衣冠을 갖추고 동쪽을 향해 앉아서 고요히 마음을 가다듬고 무념無念의 세계로 몰입하는 것이다. 정좌 수행이 지속되면 자연히 마음의 욕심이 사라지고 맑은 본래의 상태가 회복된다.

정좌법은 한 장소에 가만히 앉아서 실시하는 수행법이다. 이와 달리 움직일 때의 수행법으로는 마음을 경건하게 유지하여 잡념을 일으키지 않거나 한 가지만 생각하거나 진리의 내용을 골똘하게 생각하여 정신을 집중시키는 방법 등이 있다. 이 모두를 한마디 말로 표현한 것이 경敬 공부이다.

1. 입지立志

유교에서의 수행이 주로 학문學問의 형태로 이루어지기 때문에 학문에 대한 확고한 뜻을 갖는 것이 무엇보다도 우선된다. 신앙信仰을 중시하는 종교에서는 믿음을 통하여 빠른 효과를 얻을 수 있는 장점이 있지만 합리적으로 이해되지 않은 것을 믿어야 하는 데서 나타나는 한계가 있다. 또 깨달음을 주요한 수단으로 하는 종교에서는 깨닫기만 하면 진리에 도달할 수 있기 때문에 그 방법이 간단하고 명료하다. 그러나 깨달을 수 없는 사람을 제도濟度할 수 없는 단점이 있다.

그러나 학문을 진리眞理 도달의 주요 수단으로 하는 유교에서는 학문을 통한 이해를 바탕으로 진전하기 때문에 믿을 수 없는 것을 믿어야 하는 한계가 없다. 학문을 하기만 하면 누구나 진리에 도달할 수 있기 때문에 깨달음의 방법에서 나타나는 문제점이 해소될 수 있다. 그러나 학문적 방법은 시간이 오래 걸리고 많은 노력을 해야 하는 단점이 있다. 이러한 단점을 극복하기 위해서는 학문에 대한 의지가 굳건하지 않으면 안 된다. 굳건하지 않으면 중도에 중단하고 말기 때문이다. 이러한 이유 때문에 유교에서는 학문에 대한 입지가 강조된다.

공자께서 말씀하셨다. "군자는 먹는 것에 배부름을 구하지 아니하며, 거처하는 것에 편안함을 구하지 아니하며, 일하는 데에는 민첩하고 말하는 데에는 조심하며, 도道 있는 자에게 나아가서 질정質正한다면 학문을 좋아한다고 이를 만하다."

《논어》〈학이學而 제14장〉

공자께서 말씀하셨다. "선비로서 도道에 뜻을 두고서도 나쁜 옷과 나쁜 음식을 부끄러워하는 자와는 더불어 의논할 가치가 없다."

《논어》〈이인里仁 제9장〉

염구冉求가 말하였다. "저는 선생님의 도를 기뻐하지 않는 것은 아니지만 힘이 부족합니다."

공자께서 말씀하셨다. "힘이 부족한 자는 중도에서 그만두게 되는 것인데, 지금 너는 미리 금을 긋는구나."

《논어》〈옹야雍也 제10장〉

맹자께서 말씀하셨다. "인仁은 사람의 마음이고 의義는 사람의 길이다. 그 길을 놓아두고 가지 아니하며, 그 마음을 놓아두고 찾을 줄을 모르니, 슬프다. 사람은 닭과 개가 나가면 찾을 줄을 알지만, 마음을 잃어버리고서는 찾을 줄을 모른다. 학문의 길이란 다른 것이 없다. 그 놓아버린 마음을 찾는 것일 뿐이다.

《맹자》〈고자장구告子章句 상 제11장〉

맹자께서 말씀하셨다. "지금 무명지無名指가 구부러져서 펴지지 않으면 아프거나 일에 해가 되는 것이 아니지만, 만약 그것을 펼 수 있는 사람이 있다면 진秦나라나 초楚나라까지의 길을 멀다 여기지 아니하니, 손가락이 남들과 같지 않기 때문이다. 손가락이 남들과 같지 않으면 그것을 싫어할 줄 알지만, 마음이 남들과 같지 않으면 그것을 싫어할 줄 모르니, 이것을 일러 경중輕重을 알지 못하는 것이라고 한다."

《맹자》〈고자장구 상 제12장〉

맹자께서 말씀하셨다. "사람이 자기 몸에 대해서 두루 아끼니 두루 아끼면 기르는 것을 두루두루 한다. 한 자 한 치의 살갗도 사랑하지 아니함이 없다면 한 자 한 치의 살갗도 기르지 않음이 없을 것이니, 그 잘 기르고 잘못 기르는 것을 살피는 방법은 어찌 다른 데 있겠는가! 자기에게서 취할 뿐이다. 몸에는 귀한 것과 천한 것이 있으며, 작은 것과 큰 것이 있으니, 작은 것을 가지고 큰 것을 해치지 말며, 천한 것을 가지고 귀한 것을 해치지 말아야 하는 것이니, 작은 것을 기르는 자는 소인小人이 되고, 큰 것을 기르는 자는 대인大人이 되는 것이다. 지금 정원사가 오동나무나 개오동나무를 놓아두고 멧대추나무나 가시나무를 기른다면 천박한 정원사가 되는 것이다. 손가락 하나를 지키기 위해 어깨와 등을 잃으면서도 알지 못한다면 돌팔이 의사가 되는 것이다. 음식만을 밝히는 사람은 남들이 그를 천박하게 여기는 것이니 작은 것을 기름으로써 큰 것을 잃어버리기 때문이다. 음식을 밝히는 사람이 잃음이 있지 않다면 입으로 먹고 배로 소화시키는 것이 어찌 다만 한 자 한 치의 살갗을 위할 뿐이겠는가!"

《맹자》〈고자장구 상 제14장〉

공도자公都子가 물었다. "똑같이 사람인데, 어떤 사람은 대인大人이 되고 어떤 사람은 소인小人이 되는 것은 무엇 때문입니까?" 맹자께서 말씀하셨다. "대체大體를 따르는 사람은 대인이 되고 소체小體를 따르는 사람은 소인이 된다."

"똑같은 사람인데 어떤 사람은 대체를 따르고 어떤 사람은 소체를 따르는 것은 무엇 때문입니까?" "귀와 눈과 같은 감각기관은 생각하지 않으면 물욕物慾에 가려진다. 물욕에 가려지면 물욕과 물욕이 교차하면서 사람을 끌고 간다. 마음의 기능은 생각하는 것이니, 생각하면 큰 것을 얻고 생각하지 않으면 얻지 못한다. 이는 하늘이 우리들에게 부여해준 것이니, 먼저 그 큰 것을 확립한다면 작은 것이 빼앗지 못할 것이다. 이렇게 하는 것이 대인이 되는 방법이다."

《맹자》〈고자장구 상 제15장〉

염계濂溪 주周선생(이름은 돈이敦頤)이 말하기를, "성인은 하늘과 같기를 바라고, 현인은 성인이 되기를 바라며, 선비는 현인이 되기를 바란다. 이윤伊尹·안연顔淵은 대현大賢이다. 이윤은 자기 임금을 요堯·순舜처럼 되게 하지 못함을 부끄럽게 여기고, 한 백성이라도 제대로 된 살 곳을 얻지 못하면 마치 자신이 시장바닥에서 매 맞는 것같이 생각했다. 안연은 노여움을 다른 사람에게 옮기지 않으며, 허물을 되풀이하지 않으며, 석 달 동안 인仁을 어기지 않았다. 이윤이 뜻하던 것을 뜻으로 하고 안연이 배우던 것을 배운다면, 그들보다 나으면 성인이 될 것이요, 그들에게 미치면 현인이 될 것이며, 미치

주돈이周敦頤

지 못하더라도 또한 아름다운 이름을 잃지 않을 것이다." 하였다.

《소학》〈가언嘉言 제60장〉

맹자께서 말씀하셨다. "구하면 얻고 놓아두면 잃어버리는 것이니, 이러한 구함은 얻는 데 유익함이 있다. 자기에게 있는 것을 구하기 때문이다. 구하는 것에 길〔道〕이 있고 얻는 것에 명命이 있다면 이러한 구함은 얻는 데 유익함이 없다. 밖에 있는 것을 구하기 때문이다."

《맹자》〈진심장구盡心章句 상 제3장〉

2. 수행의 내용

유교에서의 수행의 내용은 크게 두 부분으로 나눌 수 있다. 하나는 학문을 통한 방법이고 다른 하나는 실생활을 통한 실천적 방법이다. 학문적인 방법에는 수신修身, 수도修道, 정심正心, 성의誠意, 지경持敬, 격물格物, 치지致知 등이 있다. 또 실생활을 통한 방법에는 효제孝悌, 충서忠恕, 예악禮樂, 주역周易의 점占, 자기반성 등이 있다.

1) 학문學問

공자께서 말씀하셨다. "제자는 들어와서는 효도하고 나가서는 공경하며 삼가고 미덥게 하며 널리 사람들을 사랑하되 어진 사람과 친해야 한다. 이처럼 행하고서도 남은 힘이 있으면 글을 배운다."
《논어》〈학이學而 제6장〉

공자께서 말씀하셨다. "열 집쯤 되는 조그만 고을에도 충성스럽고 신실함은 나와 같은 사람이 있으나 나처럼 학문을 좋아하는 사람은 있지 않다."
《논어》〈공야장公冶長 제27장〉

성실해지려고 하는 자는 선善을 선택해서 굳게 붙잡는 자이다. 널리 배우고 자세히 물으며 신중히 생각하고 명확히 분별하며 돈독하게 수행한다. 배우지 않음이 있을지언정 배운다면 능해지지 않고는 그만두지 않는다. 묻지 않음이 있을지언정 묻는다면 알지 않고는 그만두지 않는다. 생각하지 않음이 있을지언정 생각하면 얻지 않고는 그만두지 않는다. 분별하지 않음이 있을지언정 분별하면 밝히지 않고는 그만두지 않는다. 실행하지 않음이 있을지언정 실행하면 독실하지 않고는 그만두지 않는다. 남이 한 번을 하면 자기는 백 번을 하고 남이 열 번을 하면 자기는 천 번을 한다. 과연 이 방법에 능하면 비록 어리석어도 반드시 밝아지며 비록 연약하더라도 반드시 강해진다.
《중용》〈제20장〉

공자께서 말씀하셨다. "군자가 신중하지 아니하면 위엄이 없으며 배우면 고루하지 않게 된다. 충실忠實과 신의信義를 주로 하며 자기만 못한 자를 벗 삼지 말며 허물이 있으면 고치기를 꺼리지 말아야 한다."
《논어》〈학이 제8장〉

공자께서 말씀하셨다. “군자는 먹는 것에 배부름을 구하지 아니하며, 거처하는 것에 편안함을 구하지 아니하며, 일하는 데에는 민첩하고 말하는 데에는 조심하며 도道 있는 자에게 나아가서 질정質正한다면 학문을 좋아한다고 말할 만하다.” 《논어》 〈학이 제14장〉

공자께서 말씀하셨다. “배우기만 하고 생각하지 않으면 답답하고, 생각하기만 하고 배우지 않으면 위태롭다.”

《논어》 〈위정爲政 제15장〉

2) 수신修身, 수도修道

이른바 집을 화락하게 하는 것이 몸을 닦는 데 있다고 하는 것은, 사람이 친하고 사랑하는 것에 편벽되며 천하게 여기고 미워하는 것에 편벽되며 두려워하고 공경하는 것에 편벽되며 슬퍼하고 불쌍히 여기는 것에 편벽되며 게을리 하고 소홀히 하는 것에 편벽되는 것이니, 그러므로 좋아하되 그 나쁜 점을 알고 미워하되 그 좋은 점을 아는 자는 천하에 드물다. 그러므로 속담에 이런 말이 있으니, ‘사람은 그 아들의 나쁜 점을 알지 못하고 그 싹이 자라남을 알지 못한다.’ 하였다. 이것이 몸이 닦이지 아니하면 그 집을 화목하게 할 수 없다고 하는 것이다. 《대학》 〈전 8장〉

맹자께서 말씀하셨다. “마음을 다하는 자는 성性을 아니, 성을 알면 하늘을 알게 된다. 마음을 보존하여 성을 기르는 것은 하늘을 섬기는 근거가 된다. 요절夭折하는 것과 장수長壽하는 것을 다른 것으로 생각하지 않고 몸을 닦아서 천명天命을 기다리는 것은 천명을 확립하는 수단이 된다.” 《맹자》〈진심장구 상 제1장〉

3) 정심正心

이른바 몸을 닦음이 마음을 바르게 함에 있다고 하는 것은, 몸이란 마음속에 분하고 노여워하는 것이 있으면 바른 것을 얻지 못하고 두려워하는 것이 있으면 바른 것을 얻지 못하며 좋아하는 것이 있으면 바른 것을 얻지 못하고 근심하고 걱정하는 것이 있으면 바른 것을 얻지 못한다. 마음이 있지 아니하면 보아도 보이지 아니하며 들어도 들리지 아니하며 먹어도 그 맛을 알지 못한다. 이것이 몸을 닦는 것이 마음을 바로잡는 데 있음을 일컫는 것이다.

《대학》〈전 8장〉

4) 성의誠意

이른바 뜻을 정성精誠스럽게 한다는 것은 스스로를 속이지 아니하는 것이니 나쁜 냄새를 싫어하는 듯하며 좋은 빛을 좋아하는 듯이 하는 것이다. 이것을 스스로 만족하는 것이라 일컫는 것이다. 그러므로 군자는 반드시 홀로 있을 때를 삼가는 것이다.

소인은 한가하게 있을 적에 착하지 아니한 짓을 하여, 이르지 아니하는 것이 없다가 군자를 본 뒤에는 겸연쩍게 그 착하지 아니함을 가리고 착함을 드러내지만, 남이 나를 보는 것이 나의 허

파나 간을 보는 듯하다. 그러한즉 무슨 도움이 되겠는가. 이것이 속에서 진실하면 밖으로 드러난다고 하는 것이다. 그러므로 순수한 사람은 반드시 그 홀로 있을 때를 삼가는 것이다.

증자曾子가 이르기를, "열 눈이 쳐다보는 바이며 열 손이 가리키는 바이니 엄하도다." 하였다. 부유함은 집을 윤택하게 하고 도덕은 몸을 윤택하게 하는 것이다. 마음이 넓으면 몸이 편안하고 느긋해지는 것이니, 그러므로 군자는 반드시 그 뜻을 정성스럽게 한다. 《대학》〈전 6장〉

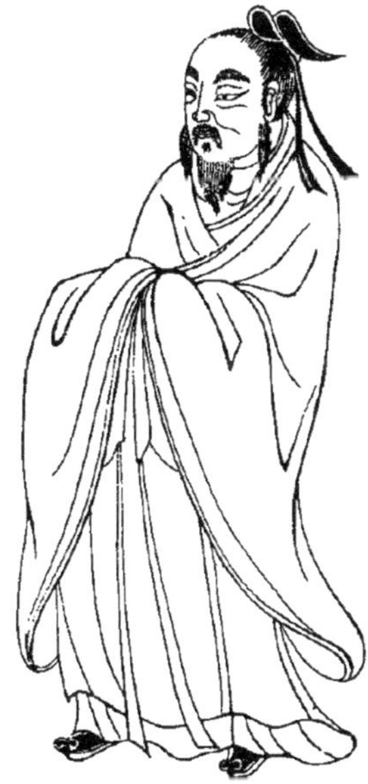

증자曾子

오직 천하의 지극한 정성스러움만이 자기의 본성本性을 다할 수 있게 된다. 자기의 본성을 다할 수 있으면 남의 본성을 다할 수 있고, 남의 본성을 다할 수 있으면 만물의 본성을 다할 수 있으며, 만물의 본성을 다할 수 있으면 이로써 천지의 화육化育을 도울 수 있다. 천지의 화육을 도울 수 있으면, 천지와 더불어 하나가 될 수 있다. 《중용》〈제22장〉

그러므로 지극한 정성스러움은 쉼이 없다. 쉬지 아니하면 오래 지속되고, 오래 지속되면 효험이 나타나고, 효험이 나타나면 유원悠遠해지고, 유원해지면 넓고 두터워지며, 넓고 두터워지면 높고 밝아진다. 넓고 두터운 것은 만물을 싣는 것이고, 높고 밝은 것은 만물을 덮는 것이며, 유구한 것은 만물을 이루는 것이다. 넓고 두터운 것은 땅과 짝이 되고, 높고 밝은 것은 하늘과 짝이 되며, 유구함은 끝이 없는 것이다. 이와 같은 것은 나타내지 아니해도 빛나고, 감동시키지 않아도 바뀌며, 노력하지 않아도 이루어진다. 《중용》〈제26장〉

5) 지경持敬

자로子路가 군자에 대하여 물으니 공자께서 대답하셨다. "자기 닦기를 경敬으로써 한다." "이와 같을 뿐입니까?" "자기를 닦음으로써 남을 편안하게 한다." "이와 같을 뿐입니까?" "자기를 닦음으로써 백성을 편안하게 하는 것이니, 자기를 닦음으로써 백성을 편안하게 하는 것은 요·순도 오히려 〈그렇게 하지 못하는 것을〉 병통으

자로子路

로 여겼다." 《논어》〈헌문憲問 제45장〉

군자가 경敬으로써 안을 곧게 하고 의義로써 밖을 방정하게 하면 경과 의가 확립되어 덕德이 외롭지 않게 된다.

《주역》〈곤괘坤卦 문언전文言傳〉

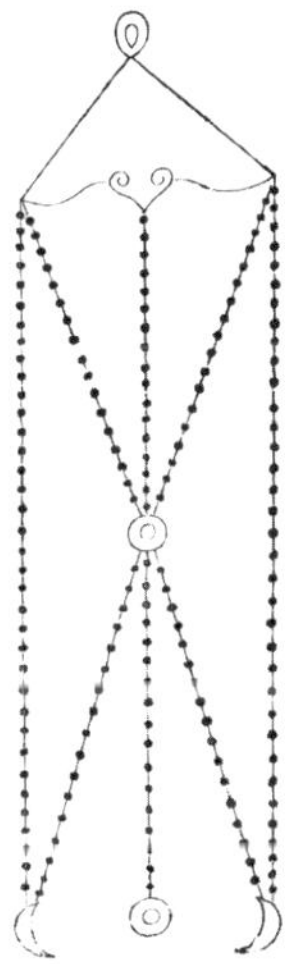
패옥佩玉

옛날의 군자는 반드시 옥을 찼다. 우측에 차는 옥의 소리는 치徵와 각角의 소리에 해당하고, 좌측에 차는 옥의 소리는 궁宮과 우羽의 소리에 해당한다. 종종걸음으로 갈 때는 채제采齊의 시를 노래하여 조절하고, 걸어갈 때에는 사하肆夏의 시를 노래하여 조절한다. 되돌아올 때는 그림쇠의 선에 맞게 하고, 옆으로 돌아올 때는 곡척曲尺의 선에 맞게 한다. 나아갈 때는 읍하듯 하고 물러날 때는 몸을 우러러보듯 하는데, 이때 패옥佩玉이 짤랑거리면서 울리는 것이다. 그러므로 군자는 수레에 있어서는 난화鸞和의 소리를 듣고 걸어갈 때는 패옥을 울린다. 이렇게 하면 못되고 사악한 마음이 저절로 들어오지 않게 되는 것이다. 《예기》〈옥조玉藻〉

6) 격물格物 · 치지致知

근간에 시험삼아 가만히 정자程子의 뜻을 취하여 보충하기를 다음과 같이 하였다.

이른바 지혜를 이룸이 사물을 접하는 데 있다고 한 것은, 나의 지혜를 이루고자 하는 것은 사물에 접하여 그 이치를 궁구함에 있음을 말하는 것이다. 대개 사람 마음의 신령함은 지혜를 갖지 아니함이 없고 천하의 사물은 이치를 갖지 아니함이 없으나 오직 이치에 있어서 아직 다 궁구하지 아니함이 있기 때문에 그 지혜가 다 이루어지지 아니함이 있는 것이다. 이 때문에 대학大學에서 가르침을 시작함에 있어서, 반드시 배우는 자로 하여금 모든 천하의 사물에 나아가서 그 이미 아는 이치로 인하여 더욱 궁구하여 그 극진한 데 이르는 것을 구하지 아니함이 없게 하는 것이니, 힘쓰는 것을 오래 하여 하루아침에 활연히 관통하는 데 이르면, 모든 사물의 전체의 큰 쓰임에 밝지 아니할 것이 없을 것이니, 이것이 사물의 이치가 나에게 다가온다고 하는 것이며, 이것이 지혜가 다가온다고 하는 것이다. 《대학》〈전 제5장〉

유자有子

7) 효제孝悌

유자有子가 말했다. "그 사람됨이 효성스럽고 공경스러우면서 윗사람

해치기를 좋아하는 자는 드무니, 윗사람을 해치기를 좋아하지 않고서 난을 일으키기 좋아하는 자는 있지 아니하다. 군자는 근본에 힘쓰니, 근본이 확립되면 도가 생기는 것이다. 효孝와 제悌는 인仁을 행하는 근본이다. 《논어》〈학이 제2장〉

8) 충서忠恕

공자께서 말씀하셨다. "도道가 사람에게서 멀지 아니하니 사람이 도를 행하면서 사람에게서 먼 것으로 하면 도라고 할 수 없다. 《시경》에 이르기를 '도끼자루를 베네, 도끼자루를 베네, 그 법이 멀지 않네.' 하였으니, 도끼자루를 가지고 도끼자루를 베면서 멀건이 나무를 보며 오히려 어렵게 여긴다. 그러므로 군자는 사람의 도리를 가지고 사람을 다스리다가 잘못을 고치면 그치는 것이다. 충忠과 서恕는 도에서 벗어남이 멀지 아니하니, 자기에게 시행해 봐서 원하지 아니하는 것이면 또한 남에게 시키지 아니한다. 군자의 도는 네 가지인데 나는 한 가지도 능하지 못하다. 아들에게 구하는 것을 가지고 아버지 섬기는 것을 할 수 없으며, 신하에게 구하는 것을 가지고 임금 섬기는 것을 하지 못하며, 동생에게 구하는 것을 가지고 형을 섬기는 것을 하지 못하며, 벗에게서 구하는 것을 내가 먼저 벗에게 베푸는 것을 하지 못한다. 일상적인 도덕을 행하는 것과 평상시의 말을 삼가는 데 모자람이 있으면 감히 힘쓰지 아니함이 없고, 남음이 있으면 감히 다하지 아니하며, 말은 행실을 돌아보고 행실은 말을 돌아보아야 하니, 군자가 어찌 독실

하게 하지 않겠는가!" 《중용》〈제13장〉

맹자께서 말씀하셨다. "만물이 모두 나에게 갖추어져 있으니 몸을 돌이켜 보아 성실하면 즐거움이 이보다 더 클 수 없고, 서恕를 억지로 힘써서 행하면 인仁을 구하는 것이 이보다 더 가까울 수 없다." 《맹자》〈진심장구 상 제4장〉

9) 예禮

안연顔淵이 인仁에 대해서 묻자 공자께서 말씀하셨다. "자기를 극복하여 예로 돌아가는 것이 인이니, 어느 날 하루 자기를 극복하여 예로 돌아가면 천하가 인으로 돌아간다. 인을 하는 것은 자기로 말미암는 것이지 남으로 말미암는 것이겠는가!"

안연이 말하였다. "청컨대 그 세목細目을 묻겠습니다."

공자께서 말씀하셨다. "예가 아니면 보지 말며, 예가 아니면 듣지 말며, 예가 아니면 말하지 말며, 예가 아니면 움직이지 말라."

안연이 말하였다. "제가 비록 불민不敏하오나 이 말씀을 받들겠습니다." 《논어》〈안연顔淵 제1장〉

임방林放이 예禮의 근본을 묻자, 공자께서 말씀하셨다. "크도다, 물음이여! 예는 사치하기보다는 차라리 검소한 것이 낫고 상喪은 잘 치르기보다는 차라리 슬퍼하는 것이 낫다."

《논어》〈팔일八佾 제4장〉

예禮가 나라를 바르게 다스리는 데 필요하다는 것은, 마치 저울이 무게를 다는 것, 먹줄이 선을 바로잡는 것, 그림쇠가 네모나 원을 바로잡는 것과 같은 것이다. 그러므로 저울로 달 때는 가벼운 것과 무거운 것을 속여서는 안 되는 것이며, 먹줄을 칠 때는 굽음과 곧음을 속여서는 안 되는 것이며, 그림쇠를 사용할 때는 모난 것과 둥근 것을 속여서는 안 되는 것이니, 군자된 자는 오직 예를 살펴야 한다. 간사한 속임수로 속이고 꾸미면 안 된다. 이런 까닭에 예를 존중하고 예를 따르는 사람을 도 있는 선비라 말하고, 예를 존중치 않고 예를 따르지 않는 사람을 도 없는 백성이라고 한다.

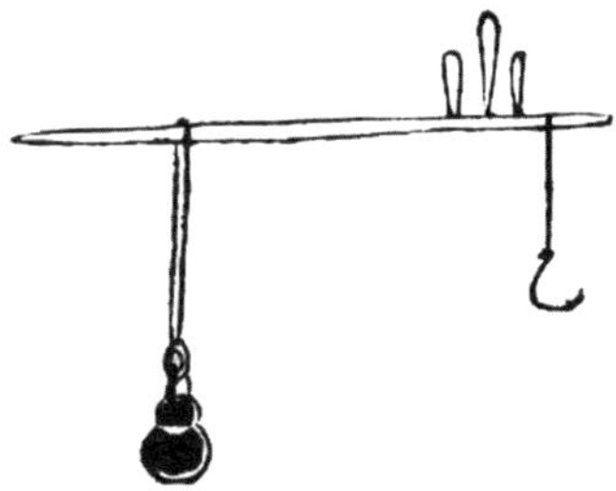
저울

먹줄

그림쇠

예란 원래 공경하고 겸양하는 도리이기 때문에 예로써 종묘宗廟

를 받들 때는 공경이 있으며, 예로써 조정朝廷에 들어갈 때는 귀천貴賤의 신분이 절로 있어 문란하지 않으며, 예로써 집이나 방에 있을 때는 부자父子가 서로 친하고 형제兄弟가 서로 화목하며, 예로써 향리鄕里에 있을 때는 장유長幼에 질서가 있다. 공자가 말하기를, "임금을 평안하게 하고 백성을 다스리는 데는 예보다 더 좋은 것이 없다."고 했으니, 이를 두고 한 말이다. 《예기》〈경해經解〉

10) 악樂

무릇 음音은 사람의 마음에서 생기는 것이고 악樂은 군君·신臣·민民·사事·물物의 이치에 통하는 것이므로 소리만을 알고 오음五音의 조화를 알지 못하는 것은 금수禽獸이다. 음音만을 알고 악樂의 원리를 모르는 것은 일반 대중들이다.

오직 군자만이 진실로 악의 대체 원리를 아는 것이다. 따라서 소리를 살펴서 음을 알고, 음을 살펴서 악을 알고, 악을 살펴서 정치를 알므로 치국평천하治國平天下의 방법이 갖추어지는 것이다.

그러므로 소리를 모르는 자와는 서로 음을 말하지 말고, 음을 모르는 자와는 서로 악을 말하지 말아야 한다. 악을 알면 예를 아는 데 가까이 이르렀다고 할 수 있다. 예악을 다 알아서 몸에 체득한 자를 유덕자有德者라고 한다. 덕이란 득得이다.

《예기》〈악기樂記〉

악樂은 마음에서 나오고 예는 용모에서 생긴다. 악은 마음에서 나오기 때문에 조화롭고, 예는 용모에서 생기기 때문에 꾸밈이 있다. 대악大樂은 반드시 쉽고 간단하고 대례大禮도 반드시 쉽고 간단하다. 악이 조화의 극점에 이르면 원망하는 일이 없어지고, 예가 꾸밈의 극점에 이르면 싸우는 일이 없어진다.

읍양揖讓하여 천하를 다스린다는 것은 예악으로써 다스린다는 말이다. 그러면 난폭한 백성들이 두려워 복종하므로 난을 일으키지 않고, 제후가 복종하여 모반하지 않으므로 병력을 쓰지 않고, 다섯 가지 형벌을 쓰지 않으므로 백성에게 재난이 없고 천자에게 노해야 할 일이 없다. 이렇게 되는 것은 악이 천하에 통하고 있기 때문이다. 부모와 자녀의 정을 화합시키고, 어른과 아이의 차례를 확실히 하며, 온 천하 사람으로 하여금 공경한 마음으로 대하게 해야 한다. 천자가 이렇게 할 때 예가 행해진다. 《예기》〈악기〉

음악이란 즐기는 것이다. 즐기는 것은 인정상 반드시 피할 수 없는 것이다. 즐거울 때 소리를 내면 노래가 되고 움직임으로 나타나면 춤이 된다. 이것이 자연스런 사람의 삶의 방식이다. 이것은 본성과 감정이 사물을 보고 나타나 변화한 것이다. 변화는 이 노래와 춤 두 가지가 전부이다. 그러므로 사람은 즐기지 않을 수 없다. 즐거울 때는 소리와 움직임으로 표현하지 않을 수 없다. 그런데 이를 바른 방향으로 인도하지 않으면 어지러워져 음란과 외설로 흐르게 될 것을 미워했다.

따라서 아송雅頌 같은 음악을 만들어 바른 방향으로 인도함으로써, 그 소리가 충분히 즐겁게 되기만 할 뿐, 음란하고 방일放逸한 방향으로 흐르지 않게 하고, 그 음악이 충분히 그 의의를 따져서 선한 방향으로 나아감을 멈추지 않게 하며, 그 소리가 간곡하고 절실하여, 혹은 길고 곧으며, 혹은 요란하고 담백하며, 혹은 가늘고 날카로우며, 혹은 굵고 유연하며, 혹은 멈추기도 하고 이어지기도 하는데, 이 모두가 사람의 착한 마음을 감동시키기에 족하게 할 뿐, 음탕하고 방일한 마음과 사특하고 더러운 기운이 내 몸에 깃들지 못하게 한다. 이것이 선왕先王이 음악을 제정한 방도였다.

그렇기 때문에 음악은 종묘 안에서 군신·상하 모두가 들을 때는 누구나 조화롭고 편안해지며, 경건한 마음이 된다. 시골에서 연장자와 연소자가 함께 들으면 조화롭고 편안해지며 유순하게 된다. 집안의 부모 자녀 형제가 모두 들으면 또한 화합하고 친근해진다. 음악이란 사람의 소리를 자세히 관찰하여 조화롭게 연주하고, 여러 소리를 조합하여 찬연한 멋을 이루는 것이며, 부모와 자녀·임금과 신하를 화합하게 하고, 만민萬民을 따르게 하여 친해지도록 하는 것이다. 이것이 선왕이 음악을 제정하는 방도인 것이다.

《예기》〈악기〉

11) 역易과 점占

공자께서 말씀하셨다.

"나에게 몇 년의 수명을 보태주어 마침내 《주역》을 다 배울 수 있다면 큰 허물이 없을 것이다." 《논어》〈술이述而 제16장〉

이런 까닭으로 군자가 거처하면서 편안히 여기는 것은 역易에 대한 서술이고, 즐기면서 완미해야 하는 것은 효사爻辭이다. 그러므로 군자는 거하면 상象을 보고, 괘사卦辭와 효사를 보며, 일이 있어 움직일 때는 변화를 살피고 점의 내용을 따져본다. 이렇게 하면 하늘에서부터 도와주기 때문에 길하고 이롭지 않음이 없다.

《주역》〈계사전繫辭傳 상 제2장〉

대연大衍의 수는 50이지만 사용하는 것은 49이다. 이를 나누어 둘로 만들어 하늘과 땅 양의兩儀를 상징한다. 한 손에서 1개를 떼어 내어 따로 가짐으로써 하늘, 땅, 인간의 삼재三才를 상징한다. 나머지 시초蓍草를 4개씩 덜어내니 이는 4계절을 상징한다. 4개씩 덜어낸 나머지를 손가락 사이에 끼운 다음, 두 손의 나머지를 내려놓음으로써 윤달을 상징한다. 윤달이 대개 5년에 두 차례 있으므로 그 이치를 상징하여 나머지를 두 번 손가락에 끼운다.

건乾의 책수策數는 216이고 곤坤의 책수는 144이니 합하면 360이다. 이는 한 해의 날 수에 해당된다. 《주역》 상·하 2경經의 산가지 수는 11,520이니 만물의 수에 해당한다. 이런 까닭에 서죽筮竹을 네 번 경영하여 역을 이루니, 18번 변하면 괘를 이룬다. 8괘가 되면 작은 괘가 이루어지니, 8괘를 끌어와 중첩시켜 8괘끼리 합쳐 큰 괘를 만들면 세상의 가능한 일이 다 구비된다.

《주역》〈계사전 상 제9장〉

공자께서 말씀하셨다. "위태로울 것으로 생각하고 대비하는 자는 자기의 지위를 안정시킬 수 있고, 멸망할지도 모른다고 생각하여 대비하는 자는 자기의 존재를 보존할 수 있으며, 혼란할 수 있다고 생각하여 대비하는 자는 안정된 상태를 유지할 수 있다. 이 때문에 군자는 편안히 거처하면서도 위태롭게 될 것을 잊지 않고, 편안히 있으면서도 망할지도 모른다는 사실을 잊지 않으며, 안정된 상태에 있으면서도 혼란하게 될지도 모른다는 사실을 잊지 않는다. 이렇게 함으로써 몸이 편안해지고 국가가 보존될 수 있다. 역(비괘否卦 구오九五)에서 말하기를, '〈항상 스스로 경계하여〉 이대로라면 망한다. 이대로라면 망한다 하고 걱정해야 빽빽한 뽕나무에 묶어두듯 견고할 수 있다.'고 했다."

《주역》〈계사전 하 제5장〉

12) 반성反省과 기도祈禱

증자는 말했다. "나는 날마다 세 가지로 내 몸을 살피노니, 남을 위하여 일을 꾀하면서 진실하지 아니하였는가? 벗과 사귀면서 미덥지 않게 하였는가? 전수받은 것을 익히지 아니하였는가?"

《논어》〈학이學而 제4장〉

맹자께서 말씀하셨다. "남을 사랑했는데도 친해지지 않으면 자기의 인仁에 대해 반성하고 남을 다스리는데 다스려지지 아니하면 자기의 지혜로움에 대해 반성하며, 남에게 예禮를 베풀어도 반응이 없으면 자기의 공경심에 대해 반성한다. 자기의 행위에 만족스러운 결과를 얻지 못함이 있으면 모두 자기에게서 그 원인을 찾아보아야 하는 것이니, 자기 자신이 바루어지면 천하가 그에게 돌아간다. 《시경》에 이르기를, '길이 천명天命에 짝이 되려고 생각하는 것이 스스로 많은 복을 구하는 길이다.' 하였다."

《맹자》〈이루장구離婁章句 상 제4장〉

맹자께서 말씀하셨다. "군자가 다른 사람들과 다른 까닭은 자기의 마음을 보존하기 때문이다. 군자는 인仁으로써 마음을 보존하며 예禮로써 마음을 보존한다. 인한 자는 남을 사랑하고 예가 있는 자는 남을 공경한다. 남을 사랑하는 자는 남도 항상 그를 사랑하고, 남을 공경하는 자는 남도 항상 그를 공경한다.

여기에 어떤 사람이 있어서 자기에게 형편없이 대하면, 군자는 반드시 스스로를 돌이켜서 '내가 반드시 인仁하지 않았으며, 예가 없었는가 보다. 그렇지 않다면 이 사람이 어찌 이런 지경에까지 이르렀겠는가?' 하고 반성한다. 스스로를 반성해 보아서 인하였으며 스스로를 반성해 보아서 예가 있었는데도 형편없이 대하는 것이었다면 스스로를 돌이켜서 '내가 반드시 진실하지 않았을 것이다.' 하고 반성한다. 스스로를 반성해 보아서 진실하였는데도 형편없이 대하는 것이었다면 군자는 말하기를, '이 자는 망령된 사람이다. 이와 같다면 금수禽獸와 무엇을 구별하겠는가? 금수에게 또한 무엇을 꾸짖을 것이 있겠는가?' 한다.

이 때문에 군자는 종신토록 하는 근심은 있어도, 하루아침의 걱정거리는 없다. 근심해야 할 것으로는 다음과 같은 것이 있다. 순임금도 사람이며 나도 사람이지만 순임금은 천하에 모범이 되어 후세에 전할 수 있었는데 나는 여전히 시골 사람의 상태를 면하지 못했으니 이것을 근심해야 하는 것이다. 근심을 어떻게 할 것인가? 순임금처럼 할 따름이다. 군자가 걱정할 것은 없으니 인이 아니면 하지 않으며 예가 아니면 행하지 않기 때문이다. 만일 하루아침의 걱정거리가 있다고 하더라도 군자는 그것을 걱정하지 않는다."

《맹자》〈이루장구 하 제28장〉

제사를 받들어 올리나니
양과 소의 제물을 받으시고
하늘이여, 이 몸을 도와주소서.
문왕文王께서 행하시던 법도에 따라
날마다 온 나라를 다스립니다.
저토록 거룩하신 문왕께서는
이 몸 도와 흠향歆饗을 하셨습니다.
아침 일찍 일어나서 밤늦게까지
하늘의 위엄을 두려워하며
길이길이 그 명을 지켜갑니다.

《시경》〈주송周頌 청묘지십淸廟之什 아장我將〉

13) 인仁

공자께서 말씀하셨다. "부귀富貴는 사람들이 하고자 하는 것이나 정당한 방법으로 얻지 아니하면 처하지 아니하며, 빈천貧賤은 사람들이 싫어하는 것이나 정당한 방법으로 얻지 않았다 하더라도 피하지 아니한다. 군자가 인仁을 버리면 어찌 이름을 이루겠는가. 군자는 밥을 먹는 동안이라도 인을 어김이 없으니, 황급한 상황에도 반드시 이에서 하며 넘어지더라도 반드시 이에서 한다."

《논어》〈이인里仁 제5장〉

공자께서 말씀하셨다. "나는 아직 인仁을 좋아하는 자와 불인不仁을 미워하는 자를 보지 못했다. 인을 좋아하는 자는 그보다 더할 수 없으나 불인을 미워하는 자도 인을 하게 될 것이니 불인한 것이 자기 몸에 가해지지 못하게 하기 때문이다. 하루라도 자기의 힘을 인에 쓴 자가 있는가? 나는 아직 힘이 모자라는 자를 보지 못했다. 아마도 그런 사람이 있을 것이지만 나는 아직 보지 못했다."

《논어》〈이인 제6장〉

공자께서 말씀하셨다. "사람이 되어서 인仁하지 못하면 예禮를 어떻게 하며, 사람이 되어서 인하지 못하면 악樂을 어떻게 하겠는가!"

《논어》〈팔일八佾 제3장〉

맹자께서 말씀하셨다. "인하면 영화롭게 되고 인하지 못하면 치욕을 당하게 되는데, 지금 치욕 당하는 것을 싫어하면서 인하지 못한 일을 하니 이는 마치 축축한 곳을 싫어하면서 낮은 곳에 처하는 것과 같다." 《맹자》〈공손추장구公孫丑章句 상 제4장〉

14) 확충사단擴充四端

맹자께서 말씀하셨다. "사람은 모두 남에게 차마 하지 못하는 마음이 있다. 선왕先王에게 남에게 차마 하지 못하는 마음이 있어서 남에게 차마 하지 못하는 정치가 있었다. 남에게 차마 하지 못하는 마음을 가지고 남에게 차마 하지 못하는 정치를 하면 천하를 다스리는 것은 손바닥 위에서 움직일 수 있을 것이다.

사람들에게 모두 남에게 차마 하지 못하는 마음이 있다고 말하는 근거가 되는 것은 지금 사람들이 갑자기 어린아이가 곧 우물에 들어가려는 것을 보고는 모두 깜짝 놀라고 측은하게 여기는 마음을 갖는 것이니, 그렇게 함으로써 어린아이의 부모와 교분을 맺으려는 것이 아니며, 그렇게 함으로써 향당鄕黨과 친구들에게 명예롭게 되기를 구하려는 것도 아니며, 구하지 않았을 경우의 비난하는 소리를 듣기 싫어해서 그렇게 한 것도 아니다.

이로 말미암아서 살펴본다면 측은하게 여기는 마음이 없으면 사람이 아니며, 부끄러워하고 미워하는 마음이 없으면 사람이 아니며, 사양辭讓하는 마음이 없으면 사람이 아니며, 시비是非를 가리는 마음이 없으면 사람이 아니다. 측은하게 여기는 마음은 인仁의 단서이고, 부끄러워하고 미워하는 마음은 의義의 단서이고, 사양하는 마음은 예禮의 단서이고, 시비를 가리는 마음은 지智의 단서이다.

사람이 이 사단四端을 가지고 있는 것은 그가 사지四肢를 가지고 있는 것과 같으니, 이 사단을 가지고 있으면서 자기는 할 수 없다고 하는 자는 자신을 해치는 자이고, 자기 임금은 할 수 없다고 하는 자는 자기의 임금을 해치는 자이다.

무릇 사단이 나에게 있는 것을 모두 넓혀서 채울 줄 알면 마치 불이 처음 타오르며 샘물이 처음 솟아나는 것과 같은 것이니, 진실로 이것을 채울 수 있다면 그로써 사해四海를 보호할 수 있거니와 진실로 이것을 채우지 못하면 그로 인하여 부모를 섬길 수도 없을 것이다."

《맹자》〈공손추장구 상 제6장〉

15) 양기養氣

맹자가 말씀하셨다. "뜻은 기氣를 거느리는 장수[帥]이고 기는 몸에 가득 차 있는 것이니, 뜻이 으뜸이고 기는 그 다음이다. 그러므로 '뜻을 간직하면서도 기를 난폭하게 하지 않는다.'고 한 것이다."

공손추가 물었다. "이미 뜻이 으뜸이고, 기는 그 다음이라 하시고, 또 뜻을 간직하면서도 기를 난폭하게 하지 않는다고 하신 것은 무슨 뜻입니까?"

"뜻이 한결같으면 기를 움직이고 기가 한결같으면 뜻을 움직이는 것이니, 지금 넘어지거나 달리는 것은 기氣이지만 도리어 그 마음을 움직이는 것이다."

"감히 묻겠습니다. 선생님께서는 어디에 장점이 있으십니까?"

"나는 말을 알며〔知言〕 나는 나의 호연지기浩然之氣를 잘 기른다."

"감히 묻겠습니다. 무엇을 호연지기라 합니까?"

"말하기 어렵다. 그 기의 양상은 지극히 크고 지극히 굳세니, 곧게 하는 것으로 길러서 해침이 없으면 하늘과 땅 사이에 꽉 차게 된다. 그 기의 양상은 의義와 도道에 짝이 되는 것이니, 이것이 없으면 쭈그러든다. 호연지기는 의로움을 축적하여 생겨나는 것이다. 하나의 의로움이 엄습하여 취해지는 것이 아니니 행한 것이 마음에 만족스럽지 아니함이 있으면 쭈그러든다. 나는 그러므로 '고자告子는 애당초 의를 알지 못한다.'고 말한 것이니, 의를 바깥에 있는 것으로 여기기 때문이다. 반드시 일삼음이 있으면서 효과를 미리 기대하지 말고, 마음에 잊지도 말며, 조장하지도 말아서 송宋나라 사람처럼 하지 말아야 한다. 송나라 사람으로서 곡식의 싹이 자라지 못함을 안타깝게 여겨 뽑아 올려놓은 자가 있었는데 비실거리며 돌아와 자기 집 사람들에게 말하기를, '오늘은 피곤하다. 내가 싹을 도와서 자라게 했다.'고 하자, 그 아들이 달려가서 보니 곡식의 싹은 말라 있었다. 천하에는 곡식의 싹을 도와서 자라게 하지 않는 자가 적다. 유익함이 없다고 생각해서 내버려두는 자는 곡식의 싹에 김을 매지 않는 자이고, 도와서 자라게 하는 자는 곡식의 싹을 뽑아 올리는 자이니, 다만 유익함이 없을 뿐만 아니라 또한 해치는 것이다."

"무엇을 지언知言이라 합니까?"

"비뚤어진 말에서 그 가려진 바를 알고, 지나친 말에서 그 빠져 있는 바를 알며, 사악한 말에서 그 이탈된 바를 알고, 회피하는 말에서 그 곤궁한 바를 아는 것이니, 마음에서 생겨나 정책이 일그러지고, 정책이 잘못되어 일에 탈이 난다. 성인聖人이 다시 나오시더라도 반드시 내 말을 따를 것이다."

《맹자》〈공손추장구 상 제2장〉

3. 수행의 과정

수행을 통해서 덕德이 진전되는 과정을 유교에서는 감정의 변화를 기준으로 기쁨의 단계, 즐거움의 단계 등으로 표현하기도 하고, 수준의 변화를 기준으로 학문의 성립 단계, 안정을 찾는 단계, 천명天命을 아는 단계, 남과 한마음이 되는 단계, 절대자유를 얻는 단계 등으로 설명하기도 한다. 또 인간관계를 중심으로 개인적 수행의 단계, 남을 구제하는 단계, 자타가 함께 완성되는 단계 등으로 표현하기도 한다.

공자께서 말씀하셨다. "나는 열다섯에 학문에 뜻을 두었고, 서른 살에 예禮를 실천할 수 있었으며, 마흔 살에 유혹을 당하지 아니하였고, 쉰 살에 천명을 알았으며, 예순 살에는 귀를 곤두세울 일이 없었고, 일흔 살에는 마음이 하고자 하는 대로 하더라도 법

도에 넘어서지 않았다." 《논어》〈위정爲政 제4장〉

큰 학문을 하는 길은 명덕明德을 밝히는 것에 있고, 백성과 하나가 되는 데 있고, 지극히 좋은 곳에서 머물러 사는 것에 있다. 머물러 살 목적지를 안 뒤에 갈 길이 확정됨이 있고, 확정됨이 있은 뒤에 마음의 번민이 사라지고, 번민이 사라진 뒤에 안정되고, 안정된 뒤에 잘 헤아릴 수 있게 되고, 헤아릴 수 있게 된 뒤에 진리를 얻는다. 모든 것에는 근본적인 것과 지엽적인 것이 있고, 일을 처리할 때는 나중에 해야 할 일과 처음에 해야 할 일이 있으니, 먼저 해야 할 것과 뒤에 해야 할 것을 알면 진리에 가까운 것이다.

옛날에 명덕을 천하에 밝히고자 하는 자는 먼저 나라를 다스리고, 나라를 다스리고자 하는 자는 먼저 집안을 안락하게 하고, 집안을 안락하게 하고자 하는 자는 먼저 몸을 닦고, 몸을 닦고자 하는 자는 먼저 마음을 바르게 하고, 마음을 바르게 하고자 하는 자는 먼저 뜻을 성실하게 하고, 뜻을 성실하게 하고자 하는 자는 먼저 그 본질적인 것에 대한 앎을 완성시킨다. 본질적인 것에 대한 앎을 완성시키는 것은 다른 것에 나아가 궁리窮理하는 데 있다.

모든 것이 궁리되면 본질적인 것에 대해 알 수 있고, 본질적인 것에 대해 알 수 있으면 저절로 뜻이 성실하게 되고, 뜻이 성실하게 된 뒤에는 마음이 바르게 되고, 마음이 바르게 된 뒤에 몸이 닦이고, 몸이 닦인 뒤에 집안이 안락해지고, 집안이 안락해진 뒤에 나라가 다스려지고, 나라가 다스려진 뒤에 천하가 화평해진다. 천자天子로부터 서인庶人에 이르기까지 하나같이 모두 수신修身을 근본으로 삼아야 한다. 근본적인 것이 어지러운데 지엽적인 것이 다스려지는 것은 없으며, 후하게 해야 할 것에 박하게 하고 박하게 해야 할 것에 후하게 해야 하는 것은 있지 않다.

《대학》〈경經 1장〉

맹자께서 말씀하셨다. "공자께서 동산에 올라가셔서 노나라를 작게 여기셨고, 태산에 올라가셔서 천하를 작게 여기셨다. 그러므로 바다를 구경한 자에게는 큰물을 표현하기 어렵고, 성인의 문하에서 유학한 자에게는 훌륭한 말을 하기 어렵다. 물을 구경하는 데 방법이 있으니 반드시 그 물결을 봐야 한다. 해와 달에는 밝음이 있으니 빛을 받아들이는 곳에는 반드시 비춘다. 흐르는 물은 웅덩이를 채우지 않으면 다음으로 나아가지 않듯이, 군자가 도에 뜻을 두었어도 몸에 훤하게 드러나지 않으면 도에 나아가지 못한다.

《맹자》〈진심장구 상 제24장〉

제6장

의례

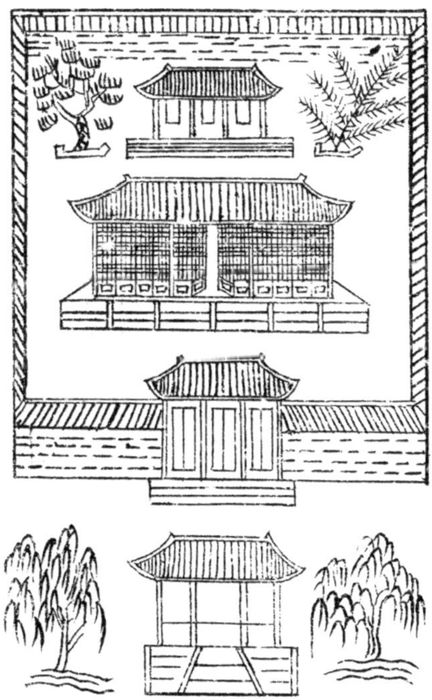

〈가묘도家廟圖〉

유교에서의 진리 접근의 방식은 학문과 일상생활을 통하여 이루어지기 때문에 종교적 의례儀禮 역시 일상생활과 분리되지 않는다. 예를 들면, 가정에서 자녀에 대한 부모의 도리와 부모에 대한 자녀의 도리가 하나하나 진리 터득의 방식이 되기 때문에 가정은 교회가 되고 가정에서 지켜야 할 도리는 종교적 의례가 된다. 성인식을 하고 결혼식을 하고 장례식을 하고 제사를 지내는 것이 모두 종교적 의례로서의 성격을 갖는다. 유교에서의 궁극적 실재는 하늘이지만 이 하늘을 섬기는 구체적 형태가 조상祖上을 섬기는 것으로 나타나기 때문에 모든 관혼상제冠婚喪祭의 의례가 조상을 섬기는 것을 바탕으로 하여 진행되는 것이 또한 유교의 특징이다.

유교의 의례에는 크게 통례通禮, 관례冠禮, 혼례婚禮, 상례喪禮, 제례祭禮 등으로 분류할 수 있다. 통례는 유교의 의례를 수행하기 위한 기본적인 조건을 갖추는 것으로 사당을 세우는 것과 예복인 심의深衣를 만드는 것이 이에 해당한다.

관례는 오늘날의 성인식에 해당하는 것으로 성인이 된 남자에게 갓을 씌우고 성인이 된 여자에게 비녀를 꽂아주는 의식이다.

혼례는 결혼식이다. 결혼식은 하늘의 뜻에 따라 음양陰陽이 결합하는 것이므로 성스러운 종교의식이라는 의미를 갖는다. 따라서 그 절차가 매우 엄숙하고 경건하게 진행된다.

상례는 오늘날의 장례식이다. 사람이 죽는 것은 하늘의 뜻을 따르는 것이고 하늘로 돌아가는 것이기 때문에 종교적 의미를 갖는 의식으로서 매우 경건하게 진행한다.

제례는 조상에 대한 추모행사이다. 원래 제례는 하늘에 제사 지내고 산천에 제사 지내며 조상에 제사 지내는 것 등 다양하게 있었으나 오늘날은 주로 조상에 대해 제사 지내는 것이 남아 있다. 조상은 생명의 근원으로서 하늘과 하나로 연결되는 존재이므로 조상을 숭배하는 것이 곧 하늘을 숭배하는 것이다. 이 제례가 유교의 의례 중 가장 종교적 성격을 많이 내포하고 있다.

1. 통례通禮

유교의 모든 종교적 의례가 조상을 섬기는 것을 바탕으로 하여 이루어지기 때문에 조상을 모시는 자리인 사당을 세우는 것에서부터 유교의 의례는 비롯된다.

사람이 죽는다는 것은 몸이 바뀌는 것이지 마음이 없어지는 것은 아니다. 사람의 본마음은 하늘마음이므로 영원하다. 조상이 후손을 사랑하는 마음은 하늘마음이므로 조상의 마음은 영원히 존재한다. 사당에 모셔진 조상의 위패位牌는 영원히 존재하는 조상의 상징이다. 그러므로 후손들이 사당에 있는 조상의 위패를 대할 때는 살아계실 때의 조상을 대하는 것과 같은 마음이 된다. 그렇기 때문에 사당은 모든 유교 의례의 중심에 있다.

일본강점기 때 일본인들은 한국을 영원한 식민지로 만들기 위해 한국의 혼魂을 말살해야만 했는데, 한국에 있는 사당을 허무는 것이 그 중요한 사업 중의 하나가 되었다.

사당을 짓는 일 다음으로 중요한 것은 모든 종교적 행사를 할 때 입는 예복禮服을 만드는 일이다. 사당에 인사드리는 일 등의 일반적인 예절에 입는 기본적인 예복이 심의深衣이다. 사낭을 세우고 심의를 만드는 일, 이 두 가지가 유교의 의례를 위하여 갖추어야 할 기본이 된다.

1) 사당祠堂을 세운다

군자는 집을 지을 때 먼저 사당을 본채의 동쪽에 세운다. 그리고 네 개의 감실龕室을 만들어 선조의 신주神主를 받든다. 방친傍親 중에 후사가 없는 자는 반班으로 합사合祀한다. 제전을 마련하고 제기를 갖춘다. 주인은 새벽에 문 안에 가서 배알한다. 집을 나갈 때나 돌아와서는 반드시 고한다.

새해 아침이니 동지·초하루·보름이 되면 사당에 가서 인사드린다. 그리고 속절俗節에서는 시식時食을 올린다. 일이 있으면 고한다. 혹 홍수나 화재 또는 도적이 있으면 먼저 사당을 구하고 신주와 유서遺書를 옮긴 다음 제기를 구하며, 그런 다음에 다른 재물을 구한다. 세대가 바뀌면 신주의 이름을 바꾸고 차례대로 옮긴다.

《주자가례》〈통례通禮〉

2) 심의深衣를 만든다

재료는 희고 가는 베를 사용하고 재단하는 자로는 손가락 마디를 사용한다. 웃옷은 전부 네 폭이니 길이는 옆구리를 지나고 아래로는 아래옷에 닿는다. 아래옷은 열두 폭으로 하되 위로 웃옷에 닿게 하고 길이가 발뒤축에 미치게 한다. 소매는 둥글게 하고 깃은 방정하게 한다. 옷자락을 둥글게 하고 검은색으로 가장자리를 두른다. 큰 띠를 하고 검은 천으로 모자를 만들어 쓴다. 복건幅巾을 하고 검은 신을 신는다. 《주자가례》〈통례〉

심의深衣를 입은 모습(흥선대원군)

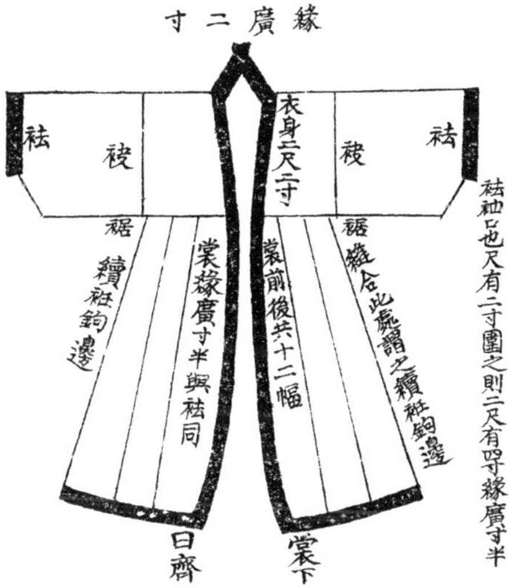
緣廣二寸
袪
袂
衣身二尺二寸
袂
袪
袪袖口也尺有二寸圍之則二尺有四寸緣廣寸半
裙
續衽鉤邊
裳緣廣寸半與袪同
裳前後共十二幅
裙
縫合此處謂之續衽鉤邊
曰齊
裳下

심의(앞)

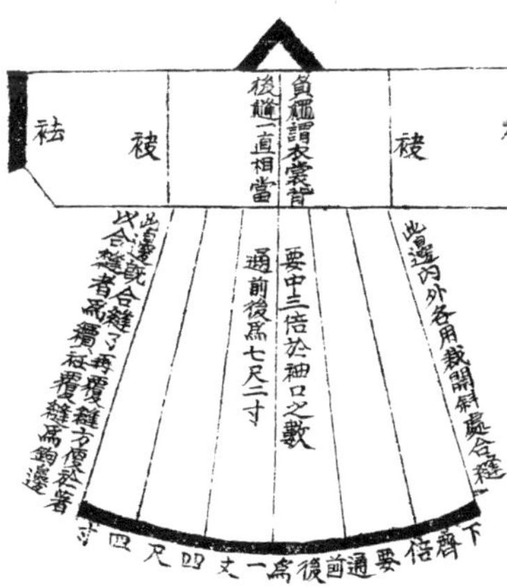
袪
袂
後縫一直相當
負繩謂衣裳背
袂
袪
此邊既合縫了再覆縫方便於著
比合縫者爲續衽覆縫爲鉤邊
通前後爲七尺二寸
要中三倍於袖口之數
此邊內外各用裁開斜處合縫
下齊倍要通前後爲一丈四尺四寸

심의(뒤)

2. 관례冠禮

관례는 오늘날의 의미로 보면 성인식成人式에 해당한다. 성인이 된 남자에게 갓을 씌우고 성인이 된 여자에게 비녀를 꽂도록 하는 의식이다.

1) 관례冠禮

상투를 틀어 갓〔冠巾〕을 씌우는 의식으로 오늘날의 성인식에 해당한다. 남자가 15세에서 20세가 되면 모두 관례를 할 수 있고, 관례를 해야 성인으로 대우받는다. 반드시 부모에게 기년朞年 이상의 상喪이 없어야 비로소 행할 수 있다.

좋은 날을 가려서 예를 행하되, 일반적으로는 정월이 좋다. 그렇지 않으면 4월이나 7월 초하루에 해도 무방하다. 그 이유는 관을 쓰는 것이 인도人道의 출발이기 때문이다.

정해진 날의 3일 전에 주인이 사당에 보고한다. 관례에서 의식을 주관하는 사람을 빈객賓客이라 한다. 종손의 친구 가운데 어질고 예를 잘 아는 사람을 빈객으로 정해서 청한다. 관례일 하루 전에는 대청의 동북쪽에 휘장을 쳐서 관례를 올릴 장소를 마련한다. 하루 전에 거듭 빈객에게 청한다.

관례일이 되면 아침 일찍 진설陳設을 하고, 관복冠服을 꺼내놓는다. 그 뒤에 주인 이하 참여하는 사람들이 차례대로 서서 빈객을 기다린다. 빈객이 찬자贊者와 함께 도착하면 주인은 그를 맞이하여 방으로 안내한다. 빈객이 관례자에게 읍을 하면서 관례가 시작된다. 관례의 절차는 시가례始加禮, 재가례再加禮, 삼가례三加禮, 초례醮禮, 자관자례字冠者禮로 진행한다.

① 시가례 : 관례자는 상투를 하고 예복인 사규삼四䙆衫에 늑백勒帛이라는 띠를 두르고, 채리彩履(무늬 있는 신)를 신고 자리에 나와 꿇어앉는다. 찬자가 옆에서 관례자의 머리를 빗겨 상투를 틀고 망건을 씌우면 빈객이 갓을 들고 나와 관례자 앞에서 축사를 한 뒤 갓을 씌운다. 이어 찬자가 관례자에게 띠를 둘러주면 관례자는 방으로 들어가 사규삼을 벗고 심의深衣를 입은 뒤 큰 띠를 두르고, 그 위에 수修(실로 된 흰 띠)를 더하고 검은 신〔履〕을 신고 방에서 나와 남쪽을 보고 앉는다.

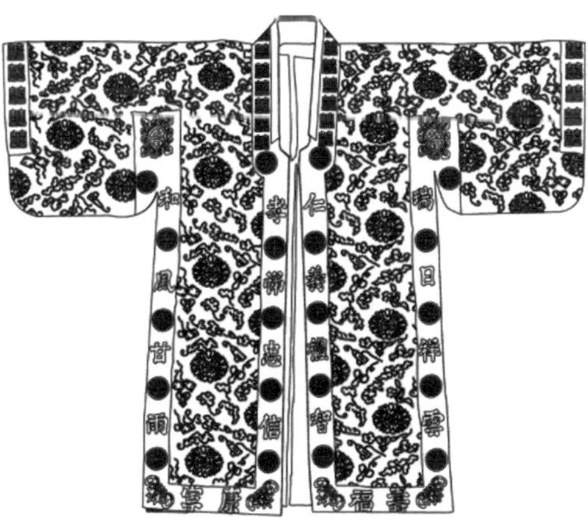

사규삼四䙆衫(출처:문화포털)

② 재가례 : 빈객이 관례자 앞에 나아가 축사를 한다. 찬자는 건을 벗기면 빈객이 초립草笠을 씌운다. 이어 관례자는 방으로 들어가 심의를 벗고 조삼과 혁대를 두르고 혜鞋를 신고 나와 정해진 자리에 꿇어앉는다.

③ 삼가례 : 빈객이 관례자 앞에 나아가 축사를 한다. 찬자가 초립을 벗기면 빈객이 복두幞頭를 씌워 준다. 관례자는 다시 방으로 들어가 조삼을 벗고 난삼襴衫을 입으며, 혁대를 두르고 신을 신고 나와 남향을 하고 앉는다.

④ 초례 : 관례자가 술을 마시는 의례이다. 빈객이 관례자 앞에 나아가 축사를 한다. 관례자가 두 번 절하고 술잔을 받으면, 빈객이 답례를 한다. 관례자가 상 앞으로 나아가 잔을 상 위에 놓았다가 다시 들고 물러나 맛을 본 뒤, 찬자에게 주고 빈객에게 두 번 절하면 빈객이 답례한다.

⑤ 자관자례 : 관례자에게 자字를 지어 주는 의례이다. 빈객과 관례자가 마당으로 내려간다. 빈객이 관례자에게 자를 지어 주고 축사를 한다. 관례자가 간단한 답사를 하고 절을 하면, 빈객은 절을 받되 답례는 하지 않는다.

이상의 관례를 끝낸 뒤 주인은 관례자를 데리고 사당에 가서 조상에게 고하면 관례자는 두 번 절한다. 그런 다음 친척들과 빈객에게 두 번 절한 뒤, 밖으로 나와 선생과 아버지의 친구들을 찾아다니며 절을 한다.

《주자가례》〈관례冠禮〉

2) 계례笄禮

여자가 혼인을 허락할 때, 또는 15세 이상이 되면 계례를 한다. 어머니가 주부가 된다. 정한 날의 3일 전에 주례에게 청하고, 하루 전에 주례에게 거듭 청한다. 계례에는 어머니가 중심이 된다. 친척 중에서 어질면서 예를 잘 아는 부인을 주례로 삼아 사흘 전에 청한다. 당일이 되면 날이 밝는 대로 의복을 준비하고 차례대로 서서 기다리고 있다가, 주례가 도착하면 주부가 나아가 맞아들인다.

주례가 계례자에게 비녀를 꽂아주면 계례자는 방에 가서 배자背子를 입는다. 그런 뒤에 초례를 지낸 뒤에 자字를 지어준다. 주례를 대접하는 것은 모두 관례의 의절과 같다. 주인은 계례자를 데리고 사당에 가서 조상에게 고한 다음 손님을 대접하는 잔치를 한다.

《주자가례》〈관례〉

배자背子(출처:국립민속박물관)

사마온공司馬溫公이 말했다. "관례라는 것은 성인이 되는 예법이다. 성인이란 사람의 아들이 되고, 사람의 아우가 되고, 사람의 신하가 되고, 어른에 대한 젊은이가 된 자의 행실을 책임지는 것이다. 네 가지 행실을 책임지는 일인 예법을 어찌 소중히 하지 않겠는가."

《소학》〈가언嘉言 제22장〉

3. 혼례婚禮

남녀가 결합하는 것은 자연의 이치이고 하늘의 뜻이므로 결혼은 하늘의 뜻을 따르는 성스러운 행위이다. 가벼운 감정의 변화에 따라 선불리 결합했다가 헤어졌다가 하는 것이 아니다. 남녀 간의 사랑은 불완전할 뿐만 아니라 조건적이기 쉽다. 그런 사랑은 언제 변할지 모르기 때문에 불안하다. 이를 해결할 수 있는 방법이 결혼이라는 의식이다. 결혼은 불완전한 사랑을 완전한 사랑으로, 조건적인 사랑을 무조건적인 사랑으로 바꾸는 의식이다.

그러므로 유교에서는 결혼식을 성스러운 밤에 거행한다. 낮에 하더라도 촛불을 켜서 밤으로 인식한다. 그리고 하늘에 보고하는 대신 조상의 사당에 보고하고 그 절차를 엄숙하게 거행한다.

1) 의혼議婚

남자는 16세에서 30세, 여자는 14세에서 20세에 이르면 혼인을 의논한다. 자신과 혼주가 기년朞年 이상의 상喪이 없어야 혼인을 할 수 있다. 반드시 중매자로 하여금 왕래하여 말을 통하고, 여자의 집에서 허락하기를 기다린 후에 납채納采를 한다.

2) 납채納采

주인이 편지를 쓴다. 아침에 일어나 사당에 고한다. 자제로 하여금 사자使者를 삼아서 여자 집에 가게 한다. 여자 집안의 주인이 나와서 사자를 본다. 편지를 가지고 사당에 고한다. 나와서 답장을 써서 사자에게 주고 대접을 한다. 사자가 돌아와서 아뢰면 남자 집의 주인이 다시 사당에 고한다.

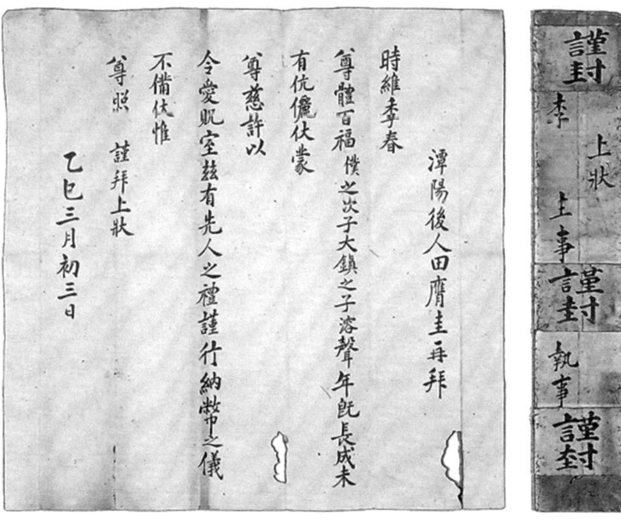
潭陽後人田膺圭再拜
時維季春
尊體百福 僕之次子大鎮之子溶聲年旣長成未
有伉儷伏蒙
尊慈許以
令愛貺室玆有先人之禮謹行納幣之儀
不備伏惟
尊照 謹拜上狀
乙巳三月初三日

謹封
李 上狀
主事
謹封
執事
謹封

신랑집에서 신부집에 보낸 혼서婚書(출처:국립민속박물관)

3) 납폐納幣

편지를 써서 사자를 여자 집에 보낸다. 여자 집에서는 편지를 받고, 답장을 하고, 손님을 대접하고 사자가 돌아와서 고하는 것을 모두 납채와 같이 한다.

4) 친영親迎

하루 전에 여자 집에서는 사람을 시켜 사위의 방에 이부자리와 필요한 물건을 펴서 늘어놓는다. 날이 밝으면 신랑 집에서는 방 가운데에 자리를 마련한다. 여자 집에서는 밖에다 사위가 머무를 곳을 마련한다. 초저녁에 신랑은 성복成服을 한다. 초례醮禮를 하고, 신랑에게 명하여 신부를 맞이하여 오라고 명한다. 신랑이 말을 타고 나간다.

전안례奠雁禮에 사용한 나무 기러기
(출처: 국립민속박물관)

여자 집에 이르면 머무를 곳에서 기다린다. 여자집 주인은 사당에 고한다. 초례를 하고 신부에게 명한다. 주인은 나와서 신랑을 맞아들여 전안례奠雁禮를 한다. 유모가 신부를 인도하여 나와서 수레에 오른다. 신랑이 말에 올라 수레를 앞서간다. 신랑 집에 이르면 신부를 인도하여 들어간다. 신랑과 신부가 교배례交拜禮를 한다. 자리에 가서 먹기를 끝내면 신랑이 나간다. 다시 들어와 옷을 벗고 촛불을 내간다. 주인이 손님을 대접한다.

이 예절을 친영이라고 하는데, 이 친영은 중국의 예와 한국의 예가 완전히 다르다. 중국의 친영은 남자 중심이다. 남자가 여자 집에 가서 여자를 맞이하여 남자 집으로 가서 예식을 하지만, 한국의 예절은 여자 중심이다. 남자가 여자 집에 가서 예식을 하고 여자 집에서 일정 기간을 지낸다. 그래서 한국에서는 남자가 결혼하는 것을 장인 집으로 들어간다는 의미에서 '장가든다.' 또는 '장가간다.' 등으로 표현한다. 그 머무는 기간은 일정하지 않지만 조선시대에는 대체로 1년 정도였다.

5) 부현구고婦見舅姑(신부가 시부모를 뵙는 것)

다음날 아침에 일어나 신부가 시부모를 뵙는다. 시부모가 예를 한다. 며느리가 여러 어른을 뵌다. 만약 총부冢婦(맏며느리)면 시부모에게 음식을 보낸다. 시부모가 그것을 먹는다.

6) 묘현廟見(사당에 뵙는 것)

사흘 만에 주인이 며느리를 데리고 사당에 알현한다.

7) 신랑이 처부모를 뵙는다

다음날 신랑은 처가에 가서 처의 부모를 뵙는다. 다음에 처가 집안의 친족을 뵙는다. 처가에서 신랑을 대접하기를 평소와 같이 한다.

《주자가례》〈혼례〉

문중자文中子가 말하기를, "혼인에 재물을 논하는 것은 오랑캐의 짓이다. 군자는 그와 같은 풍습이 있는 고을에 들어가지 않는다. 옛날에는 남자와 여자의 가족이 각각 덕성德性을 택했을 뿐, 재물을 보내는 것으로 예를 삼지 않았다." 하였다.

《소학》〈가언 제40장〉

사마온공司馬溫公이 말하기를, "무릇 혼인을 의논하는 것은 마땅히 먼저 그 사위 될 사람과 며느리 될 사람의 성품·행실 그리고 그 집의 법도가 어떠한가를 살펴야 하고 구차하게 그 부유하고 영귀榮貴한 것을 부러워하지 말아야 한다. 사위 될 사람이 진실로 현명하다면 지금은 비록 빈천하지만 훗날에 부귀하지 않는다고 어찌 알겠는가. 며느리는 집안의 성하고 쇠함이 그녀에게 달려 있을 정도로 중요하다. 구차하게 한때의 부귀를 부러워하여 며느리를 삼는다면 그녀가 부귀함을 믿고 남편을 가볍게 보고, 시부모를 업신여기지 않는 자가 드물 것이다. 며느리가 만약 교만하고 질투하는 습성을 기른다면 훗날 걱정거리 됨이 어찌 끝이 있겠는가. 가령 며느리의 재물로 인하여 부자가 되고, 며느리의 권세에 의지하며 몸이 귀히 된다면, 진실로 대장부의 뜻이 있고 기개가 있는 자가 어찌 부끄러운 마음이 없겠는가." 하였다. 《소학》〈가언 제42장〉

4. 상례喪禮

상례는 오늘날의 장례식葬禮式에 해당된다. 사람이 태어나는 것도 하늘의 뜻이고 죽는 것도 하늘의 뜻이기 때문에 장례식을 하는 것은 하늘의 뜻을 따르는 의식인 것이다. 그러므로 장례식은 경건하게 진행되어야 한다.

죽은 사람과 가까운 사람의 슬픔은 너무 지나쳐서도 안 되고 너무 모자라서도 안 된다. 하늘에서 타고난 성품에서 발휘되는 자연스러운 것이 가장 적합한 것이다. 따라서 장례식에서 슬픔을 표현하는 가장 적당한 선을 제시해놓은 것이 상례이다.

1) 초종初終

병이 위중해지면 정침正寢에 모신다. 숨을 거두면 곡을 하고, 이어서 죽은 사람의 웃옷을 가지고 지붕에 올라가 북쪽을 향하여 웃옷을 휘두르면서 돌아오라고 세 번 부르는데, 전통적으로는 '복復, 복, 복' 하고 세 번 부른다. 이를 초혼招魂이라 한다. 그런 뒤 웃옷은 바구니에 담아 시신 가까이에 둔다. 시신을 시상屍床에 올려 머리를 남쪽으로 향하게 하고 반듯하게 눕혀서 움직이지 않도록 묶어 고정시킨다. 입은 약간 벌려 윷가락 같은 것을 끼워놓는다. 다음에는 장막이나 병풍을 쳐서 시신을 가리고, 향상香床을 차린다.

시상屍床

상주와 주부와 호상護喪과 사서司書, 사화司貨를 정한다. 호상은 장례식 전체를 주관하는 주례이다. 망자와 관련이 있는 사람 중에서 인품이 훌륭한 사람으로 정한다. 주부는 망자의 부인이나 상주의 부인으로 정한다. 사서는 문서를 처리하는 사람이고, 사화는 재정을 담당하는 사람이다. 가족들은 옷을 바꾸어 입고 음식을 먹지 않는다.

호상護喪이 관을 만들도록 하고, 사당에 고하며, 부고訃告를 하도록 지시한다.

2) 목욕沐浴, 습襲, 전奠, 위위爲位, 반함飯含

집사하는 사람이 휘장을 치고 시신을 목욕시킨다. 목욕은 젖은 수건으로 시신을 닦는 정도로도 가능하다. 목욕이 끝나면 옷을 입히는데, 아래옷과 버선의 순서로 입힌다. 옷을 입히는 것을 습襲이라 한다. 시상尸床을 옮겨 방의 중간에 놓는다. 이에 전奠을 차린다. 전이란 상에다 술과 과일 등을 차려놓는 것을 말한다. 주인 이하는 자리를 하여 곡을 한다. 다음으로 반함飯含을 한다. 반함이란 쌀을 시신의 입에 세 번 떠 넣고 돈과 구슬을 각각 세 개씩 넣는 것이다. 그런 다음 멱목幎目(눈 가리는 천)으로 눈을 가리고 충이充耳(귀를 막는 솜 등의 물건)로 귀를 막으며 허리띠를 맨 다음 악수幄手(손을 감싸는 천)로 손을 싸서 홑이불로 덮는다.

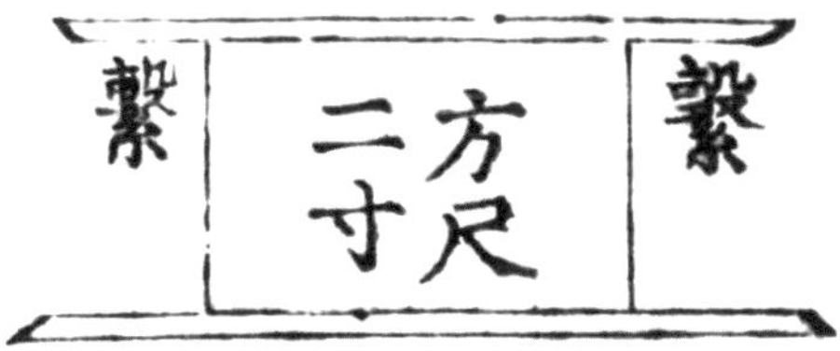

멱목幎目

충이充耳

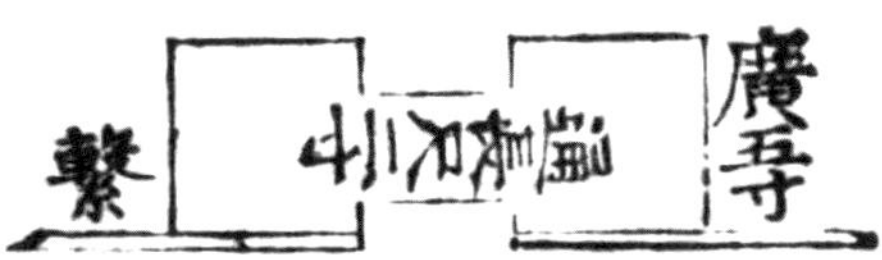

악수幄手

3) 영좌靈座, 혼백魂帛, 명정銘旌

시신을 가린 장막이나 병풍 앞에 영좌靈座(혼백을 올려놓는 자리, 대개 상으로 함)를 설치하고 혼백魂帛(망자를 상징하는 망자의 위패)을 올려놓는다. 영좌의 오른쪽에 명정銘旌을 세운다. 불사佛事를 하지 않는다. 친구와 가까이 지낸 사람이 이에 들어가서 곡을 해도 된다.

영좌靈座 1

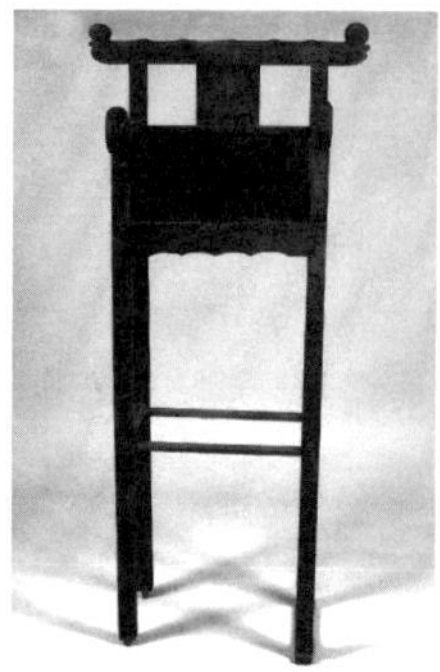
영좌靈座 2(출처: e-뮤지엄)

혼백魂帛

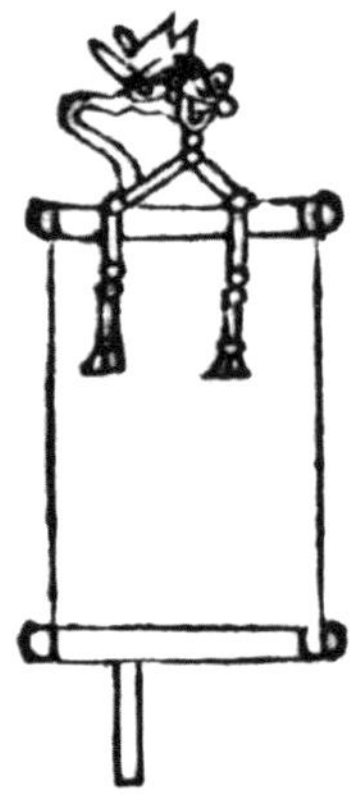
명정銘旌

4) 소렴小斂, 단袒, 괄발括髮, 문免, 좌髽, 전奠, 대곡大哭

그 다음날 집사자가 소렴할 옷과 이불을 펴놓는다. 전奠을 차린다. 괄발마括髮麻(남자 상주가 머리를 묶을 때 쓰는 삼베)와 문포免布(상중에 갓을 벗고 머리를 묶어 매는 베)와 좌마髽麻(상중의 여자가 머리를 두르는 띠)를 갖춘다. 소렴상을 차리고 교絞(소렴 때 쓰는 헝겊으로 된 띠)와 이불과 옷을 편다. 이에 습전襲奠을 옮긴다.

소렴을 한다. 소렴의 절차와 방법은 다음과 같다. 옷으로 머리를 받치고 양어깨를 채운 다음, 다리와 무릎 사이에도 옷을 끼운다. 남은 옷으로 시신을 덮어 모양을 네모나게 한 다음 이불을 덮는다.

주인과 주부가 시신에 기대어 곡을 하고 벽擗(가슴을 치며 슬퍼하는 것)을 한다. 다른 방에서 남자 상주들은 단袒(웃옷의 한쪽 어깨를 드러내는 것)하고 괄발括髮(삼베 끈으로 머리를 묶는 것)을 하며 좌髽(삼베를 꼬아 만든 굵은 끈으로 머리를 두르는 것)를 한다. 다시 시상屍牀을 당 안으로 옮긴다. 이에 전을 올린다. 주인 이하는 곡을 하여 슬픔을 다하고 대신 곡을 하되 곡소리가 끊이지 않게 한다.

5) 대렴大斂

이튿날에 집사는 대렴을 할 옷이며 이불을 진설한다. 관棺을 들어 당중堂中에 들여놓되 조금 서쪽에 놓는다. 이에 대렴을 한다. 대렴의 절차와 방법은 다음과 같다. 관 안에 재를 뿌리고 칠성판七星板을 깔고 그 위에 다시 요를 깐다. 그 다음 시신을 넣고 헌 옷가지

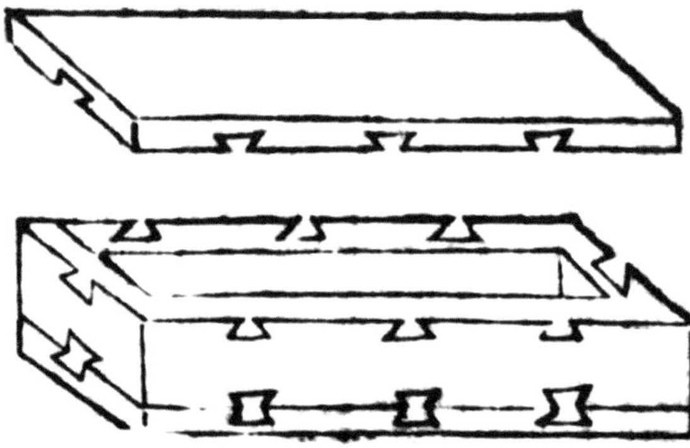

관棺

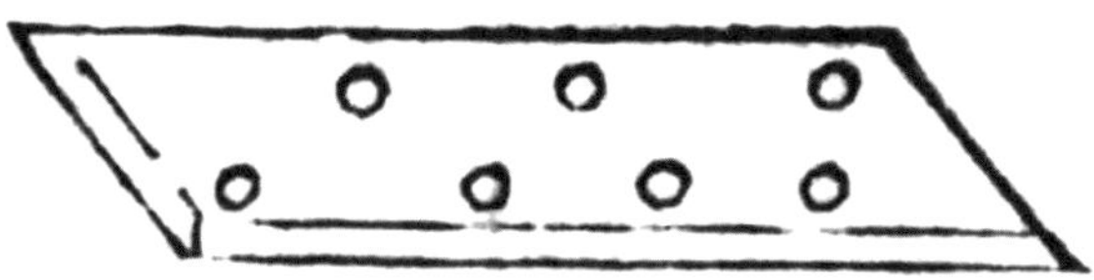

칠성판七星板

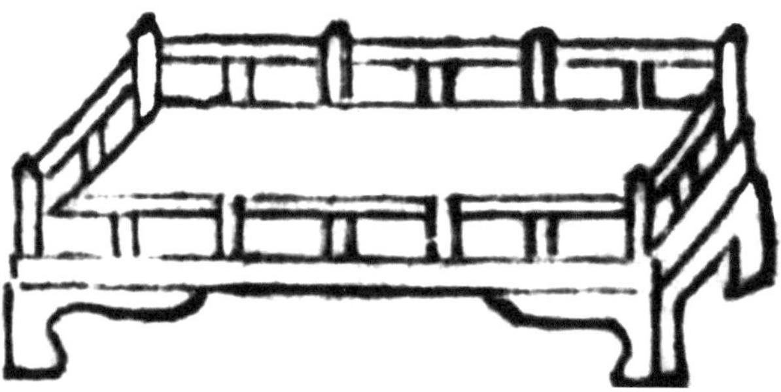

영상靈牀

등으로 빈 곳을 채워서 시신이 움직이지 않도록 한다. 이어서 관 뚜껑을 덮고 머리 없는 못을 박은 다음 천으로 싸서 묶는다. 머리 없는 못을 박는 까닭은 혹시라도 시신이 살아나서 움직이면 관 뚜껑이 다시 열릴 수 있도록 하기 위함이다.

영상靈牀을 널의 동쪽에 설치한다. 이에 전을 설치한다. 주인 이하는 각각의 자리로 돌아간다. 대신 곡하는 것을 중지한다.

6) 성복成服

새벽에 상복을 입어야 할 사람들은 각각 해당하는 상복을 입고 들어가 자리에 나아간다. 그런 뒤에 아침의 곡을 하고 서로 조문을 한다. 그 상복의 복식과 입는 기간은 참최斬衰는 3년, 자최齊衰는 친소에 따라 3년, 1년, 5개월, 3개월 등이 있고, 대공大功은 9개월, 소공小功은 5개월, 시마緦麻는 3개월 등이 있다. 상복을 입는 날에 주인과 형제가 비로소 죽을 먹는다.

무거운 상이 끝나지 않았는데 다시 가벼운 상을 당하면 가벼운 상에 해당하는 상복을 입고 곡을 하고 초하루에도 그 가벼운 복을 입고 곡을 한다. 곡이 끝나면 다시 무거운 상복을 입는다. 또 무거운 상복을 벗었는데도 가벼운 상복을 벗지 않았을 경우에는 가벼운 상복을 입고 그 남은 기일을 채운다.

상복에는 관冠·효건孝巾·최의衰衣·최상衰裳·의상衣裳·수질首絰·요질腰絰·교대絞帶·상장喪杖·신발 등이 있다. 같은 고조의 후손인 8촌 이내의 족친이 상복을 입는다.

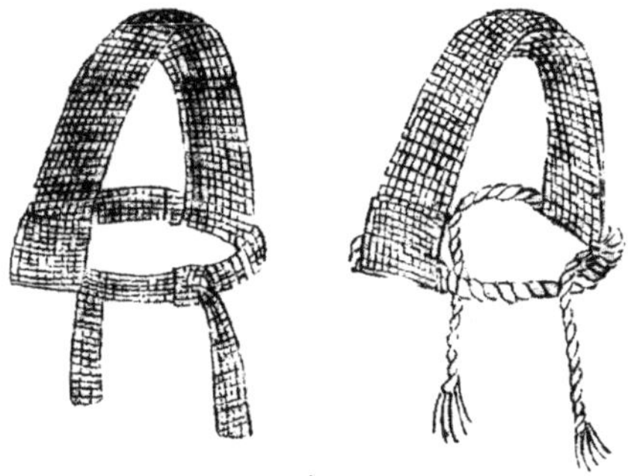

관冠

효건孝巾

최의衰衣

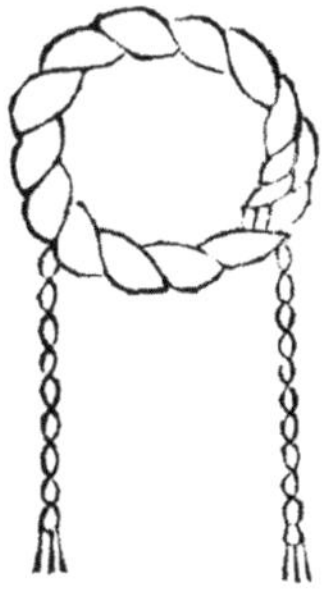

수질首絰

요질腰絰

교대絞帶

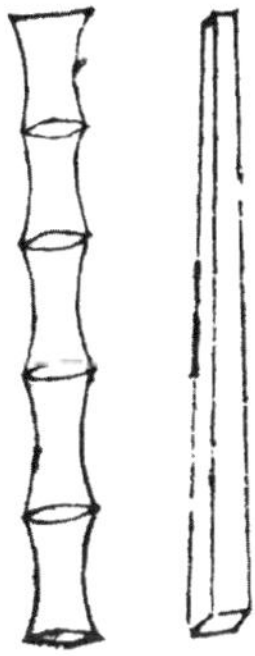

상장喪杖

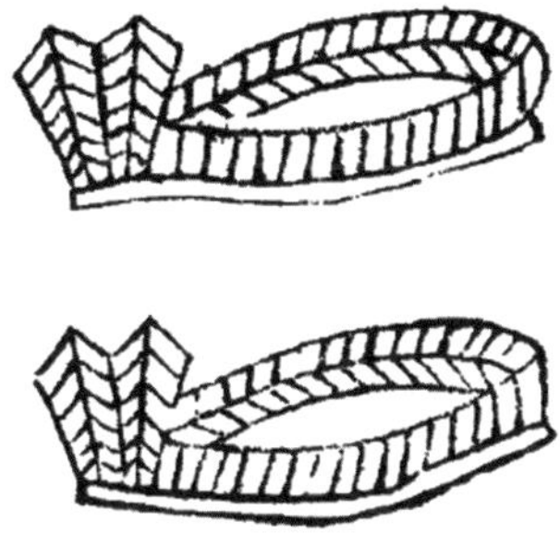

신발

7) 조석곡전朝夕哭奠, 상식上食

매일 새벽에 일어나 조전朝奠(아침 식사)을 올린다. 그 다음 끼니 때가 되면 그때마다 식사를 올린다. 저녁때는 석전夕奠을 한다. 곡은 일정한 때가 없이 수시로 한다. 초하루에는 조전을 할 때 성찬을 진설한다. 햇곡식 등이 있으면 올린다.

8) 조문吊問, 전奠, 부의賻儀

성복成服 전에는 손님이 와도 빈소 밖에서 입곡立哭한다. 성복 후에야 비로소 정식으로 조문을 한다.

조문을 할 때에는 모두 흰 옷을 입는다. 전을 할 때에는 향, 차, 양촉洋燭, 술, 과일 등으로 한다. 부의를 할 때에는 돈과 비단으로 한다. 명함을 갖추고 통명通名을 하며, 들어가 곡을 하고 전을 하고 조문을 한 뒤 물러난다.

9) 문상聞喪, 분상奔喪, 치장治葬

외지에서 처음 부모님이 돌아가셨다는 소식을 들었을 때에는 곡을 한다. 옷을 갈아입고 집으로 달려간다. 길을 가다가 슬픔이 복받쳐 오르면 곡을 한다. 고을의 경계나 마을의 경계, 성, 집 등이 보이면 곡을 한다. 문에 들어가 영구靈柩 앞에 가서 두 번 절한다. 다시 옷을 바꾸어 입고 자리에 나아가 곡을 한다. 4일이 지난 뒤 성복을 한다.

만약 바로 갈 수 없는 입장이라면 빈소를 설치하고 전은 하지 않는다. 그러다가 갈 수 있게 되었을 때 옷을 바꾸어 입고 집으로 간다. 이미 장례식을 마쳤다면 먼저 묘소로 가서 곡하고 절한다. 자최齊衰 이하의 상을 당했다는 소식을 들었을 때에는 자리를 설치한 뒤 곡을 한다. 상을 당하여 바로 달려갈 경우는 집에 가서 상복을 입는다. 만약 바로 달려갈 수 없을 때에는 4일이 지난 뒤 상복을 입는다.

석 달 만에 장사를 치르되 먼저 장사 지낼 만한 땅을 고르도록 한다. 날을 택해 묘역을 다듬고 후토제后土祭를 지낸다. 마침내 광壙을 판다. 회격灰隔을 만든다. 지석誌石을 새긴다. 명기冥器, 장막, 보자기, 대그릇, 옹기그릇, 상여喪輿 등을 만들고 일시적인 신주神主를 만든다.

10) 천구遷柩, 조조朝祖, 전奠, 부賻, 진기陳器, 조전祖奠

발인 하루 전에 조전祖奠을 드리고 천구하는 것을 고한다. 관을 받들고 조상들을 뵙는다. 마침내 관을 청사로 옮긴다. 이에 교대를 하여 곡을 한다. 친척과 손님이 전과 부의를 드린다. 기물을 진설한다. 신시申時(15시~17시)에 조전을 차린다.

11) 견전遣奠

그 이튿날 관을 옮겨 대여大轝에 싣는다. 이에 견전을 차린다. 축이 혼백을 받들어 수레에 올라가서 분향을 한다.

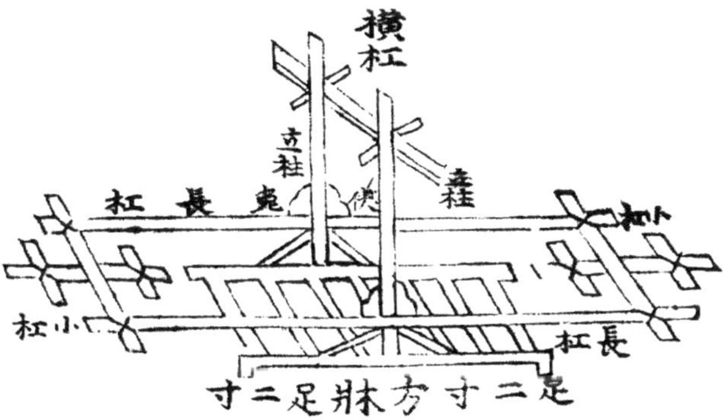

대여大轝

12) 발인發靷

상여가 떠난다. 주인 이하 남자와 여자는 곡을 하면서 걸어서 따라간다. 존장이 뒤따라가고, 상복을 입지 않는 친척이 다음에 따라가고 손님이 다음에 따라간다. 친척과 손님은 성 밖의 길가에 장막을 쳐놓고 상여가 머물 때 전을 드린다. 도중에 슬픈 일이 생기면 곡을 한다.

방상씨方相氏를 따르는 발인 행렬

13) 급묘及墓, 하관下棺, 사후토祀后土, 제목주題木主, 성분成墳

도착하기 전에 집사자가 영악靈幄과 친척과 손님의 자리와 부인의 장막을 준비한다. 방상씨方相氏와 명기銘旗 등이 도착하고, 영거靈車가 도착하면, 드디어 전을 차리고 물러간다. 관이 도착하면 주인과 남자와 여자들이 각각 자리로 가서 곡을 한다. 손님은 절하고 작별하며 돌아간다.

이에 하관을 한다. 주인이 폐백을 드린다. 회격의 안과 바깥 뚜껑을 덮는다. 회를 채운다. 이에 흙을 채우고 서서히 다진다. 묘소의 좌측에서 후토신에게 제사를 지낸다. 명기 등을 넣는다. 지석을 묻는다. 다시 흙을 채우고 단단하게 다진다. 신주에 글자를 쓴다. 축祝이 신주를 받들어 수레에 오른다. 집사자가 영좌靈座를 거두어 떠난다. 봉분은 높이가 네 자이고 그 앞에 돌로 비석을 세우되 비석의 높이는 네 자로 하고 받침의 높이는 한 자 정도로 한다.

방상씨를 따르는 발인 행렬

영악靈幄

부인악婦人幄

영거靈車

방상씨方相氏

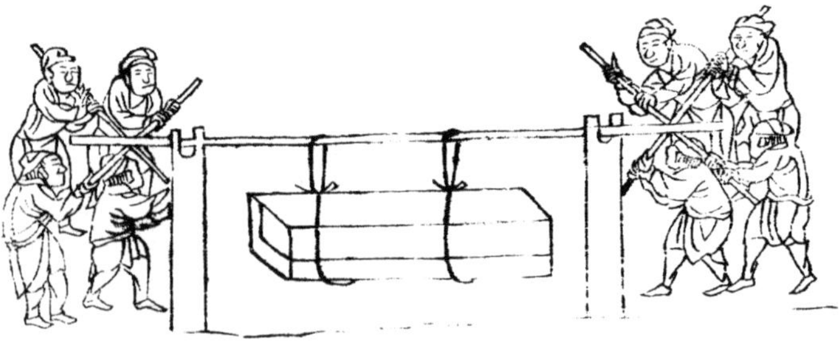

하관下棺

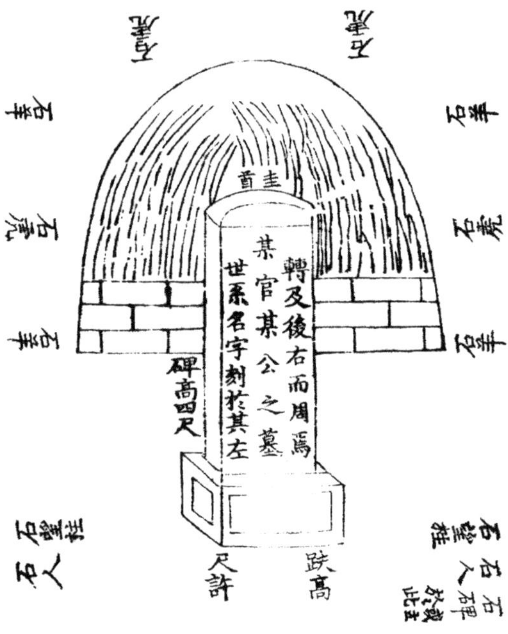

분묘墳墓

14) 반곡反哭

주인 이하 영거를 모시고 돌아올 때 천천히 걸으며 곡을 한다. 집에 도착하면 곡을 한다. 축祝이 신주를 받들고 들어가서 영좌에 놓는다. 주인 이하 청사廳事에서 곡을 한다. 드디어 영좌 앞에 나아가서 곡을 한다. 조문하는 사람이 있으면 처음과 같이 한다. 기년朞年과 9월의 상복을 입는 자는 술을 마시고 고기를 먹되 잔치를 하지 않는다. 소공 이하와 대공의 상복을 입는 사람이 따로 살면 돌아가도 된다.

15) 우제虞祭

주인 이하 모두 목욕을 한다. 집사자는 기물을 진설하고 음식을 준비한다. 축祝이 신주를 꺼내 영좌에 놓으면 주인 이하는 모두 들어가 곡을 한다. 강신降神을 하고 축이 음식을 올린다. 초헌初獻과 아헌亞獻, 종헌終獻 세 잔의 술을 올린다. 그리고 유식侑食을 한다.

그런 후 주인 이하 모두 나가고 축은 문을 닫는다. 축이 문을 열면 주인 이하는 들어가 곡을 하고 사신辭神(신과 작별하는 것)한다. 축이 혼백을 묻는다. 아침저녁의 전을 그친다. 유일柔日(십간 중 을乙, 정丁, 기己, 신辛, 계癸가 들어가는 날)에 재우再虞를 한다. 강일剛日(십간 중 갑甲, 병丙, 무戊, 경庚, 임壬)이 되면 삼우三虞를 한다.

16) 졸곡卒哭

삼우三虞를 한 후 강일을 맞으면 졸곡을 한다. 하루 전에 기물을 진설하고 음식을 준비한다. 새벽에 일찍 일어나 채소와 과일과 술 및 음식을 진설한다. 새벽에 축이 신주를 꺼내고 주인 이하 모두 들어와 곡하고 강신을 한다. 주인과 주부가 음식을 올린다. 초헌, 아헌, 종헌, 유식, 합문闔門, 계문啓門, 사신을 한다. 이때부터 아침저녁으로 슬픔이 이르러도 곡하지 않는다. 주인과 형제는 간단한 식사를 하고 물을 마시며, 채소와 과일을 먹지 않고 잠자리에 나무베개를 한다.

17) 부祔(조상의 사당에 신주를 모시는 것)

졸곡卒哭을 한 다음날 부제祔祭를 지낸다. 졸곡의 제사를 마치면 기물을 진설하고 음식을 준비한다. 새벽에 일찍 일어나 채소와 과일 및 술과 음식을 진설한다. 아침에 주인 이하는 영좌 앞에서 곡을 한다. 사당에 가서 신주를 받들고 나와 영좌에 놓는다. 새 신주를 받들어 다시 사당에 들어가 영좌에 놓는다. 차례대로 나열해 선 뒤 참신參神을 하고 강신을 한다. 그리고 축이 음식을 올린다. 초헌, 아헌, 종헌, 유식, 합문, 계문, 사신을 한다. 축이 신주를 받들고 이전에 살던 곳으로 간다.

18) 소상小祥

일 년이 지나면 소상한다. 하루 전에 주인 이하는 목욕을 하고, 기물을 진설하고 음식을 준비한다. 장소를 설치하여 연복練服을 준비한다. 새벽에 일찍 일어나 채소와 과일, 술과 음식을 진설한다. 새벽에 축이 신주를 내오면 주인 이하는 들어와 곡한다. 이에 자리에 나아가서 옷을 바꾸어 입고 다시 들어와 곡한다. 강신하고 초헌, 아헌, 종헌의 삼헌을 한다. 유식, 합문, 계문, 사신을 한다. 아침저녁의 곡을 그친다. 비로소 채소와 과일을 먹는다.

19) 대상大祥

다시 일 년이 지나면 대상을 한다. 하루 전에 목욕을 하고 기물을 준비하고 음식을 준비한다. 장소를 설치하여 담복禫服을 준비한다. 사당에 옮길 것을 고한다. 새벽에 행사를 하되 소상 때와 같은 절차로 한다. 끝나면 축이 신주를 받들고 사당에 들어간다. 영좌를 철거하고 지팡이를 절단하여 쓰레기장에 버린다. 영좌에 있던 일시적인 신주를 옮겨서 무덤 옆에 묻는다. 비로소 술을 마시고 고기를 먹으며 침실에서 잔다.

20) 담제禫祭

대상이 지난 뒤 한 달이 되면 담제를 지낸다. 전달 하순에 택일한다. 하루 전날 목욕을 하고 자리를 설치하고 기물을 진설하고 음식을 준비한다. 새벽에 제사를 진행하는데 모두 대상 때와 같이 한다.

《주자가례朱子家禮》〈상례喪禮〉

재아宰我가 물었다. "삼년상은 기간이 너무 오래입니다. 군자가 3년 동안 예를 행하지 않으면 예가 반드시 무너지고, 3년 동안 음악을 익히지 않으면 음악이 반드시 무너질 것입니다. 묵은 곡식이다 없어지고 새 곡식이 오르며, 불씨 만드는 나무도 바뀌니 일 년이면 그칠 만할 것입니다." 공자께서 말씀하셨다. "쌀밥을 먹고 비단옷을 입는 것이 너에게는 편안하냐?" "편안합니다." "네가 편안하다면 그렇게 하라. 대저 군자가 거상居喪할 때에 기름진 것을 먹어도 달게 느껴지지 않으며, 음악을 들어도 즐거워지지 아니하며, 처소에 있어도 편해지지 않았다. 그러므로 하지 아니한 것이다. 지금 네가 편안하다면 그렇게 하라."

재아가 밖으로 나가자 공자께서 말씀하셨다. "여予〔재아宰我의 이름〕의 어질지 못함이여! 자식은 태어나서 3년이 지난 연후에야 부모의 품에서 벗어나는 것이다. 대저 삼년상은 천하에 공통된 상이니 여는 그 부모에게 3년 동안의 사랑받음이 있었는가!"

《논어》〈양화陽貨 제21장〉

거상하는 예는 비록 애훼哀毁하여도 수척한 것을 나타내지 않아야 하고, 보고 듣는 힘이 쇠하지 않아야 한다. 또 오르고 내리는 데 있어 동쪽 계단을 이용하지 않으며, 출입하는 데 있어 문의 가운데 길을 밟지 않는다. 그리고 머리에 상처가 있으면 머리를 감고 몸에 종기가 있으면 목욕하며, 질병에 걸렸으면 술과 고기를 먹어서 몸을 보양하되, 질병이 나으면 처음 상태로 돌아가야 한다. 몸을 해치고 돌보지 않는 자는 부자불효不慈不孝한 사람이다. 《예기》〈곡례 상〉

사람은 50세가 되면 비로소 쇠약해지므로 거상도 너무 수척해지지 않도록 한다. 60세가 되면 몸을 훼손하지 않으며 70세가 되면 상을 당해도 최마복衰麻服을 입을 뿐, 술을 마시고 고기를 먹으며 또 실내에 거처한다.

남의 상을 당해서 그 살아 있는 자, 즉 상주를 알 때는 조문을 하고, 죽은 자를 알 때는 슬퍼한다. 살아 있는 사반을 알고 죽은 자를 알지 못할 때는 조문만 할 뿐, 슬퍼하지 않으며, 죽은 자만을 알고 살아 있는 자를 알지 못할 때는 슬퍼하기만 할 뿐 조문을 하지 않는다. 《예기》〈곡례 상〉

상사喪事를 조문함에 있어, 부의를 할 수 없을 때는 장례에 소요되는 경비를 묻지 않고, 문병하고 물품을 줄 수 없을 때는 그 원하는 것을 묻지 않는다. 여행자를 만나서 자기 집에 유숙시킬 수 없을 때는 그 잠잘 곳을 묻지 않는다. 남에게 물건을 내줄 때는 와서 가져가라고 하지 않고, 남에게 물건을 주는 자는 필요한 것을 묻지 않는다. 《예기》〈곡례 상〉

무덤에 갔을 때는 봉분 위에 올라서지 않고, 장례를 도우려면 반드시 집불執紼(상여의 끈을 잡는 것)해야 하며, 상사에 임해서는 웃지 않는다. 남에게 읍할 때는 반드시 그 위치를 일단 떠나서 한다. 무덤에 참배하러 가는 날에는 노래하지 않고, 남의 죽음을 곡하는 날에도 노래하지 않는다. 그리고 행상行喪(상여를 메고 가는 것)을 할 때에는 지름길로 가지 않고, 행상을 할 때에는 진창이나

물구덩이를 피하지 않는다. 《예기》〈곡례 상〉

상에 임했을 때는 반드시 슬픈 빛이 있어야 하고 상여 줄을 잡았을 때는 웃지 않는다. 음악에 임해서는 감탄하지 말아야 하고 갑옷과 투구를 만들 때는 범할 수 없는 기색이 있어야 한다. 그렇기 때문에 군자는 경계하고 삼가서 사람을 대했을 때 바른 용색容色을 잃지 않는 것이다. 《예기》〈곡례 상〉

이웃에 상이 있으면, 방아를 찧되 절굿공이에 발맞추어 소리 내는 일을 하지 않고, 마을에 빈소가 있으면 거리에서 노래하지 않는다. 상을 표시하는 갓을 쓸 때는 갓의 끈을 늘어뜨리지 않는다.

《예기》〈단궁檀弓 상〉

사람이 죽으면 지붕 위에 올라가 소리쳐 고하기를, "아아! 아무개는 돌아오라.〔復〕"고 한 후에 쌀을 입에 물리고 익은 고기를 싸서 그 영혼을 보낸다. 하늘을 바라보고 영혼을 부르며 시체는 땅속에 묻는 것이다. 육체는 내려가고 영혼은 위로 올라가므로 죽은 자는 북쪽으로 머리를 두게 하고 살아 있는 자는 남쪽을 향하는데, 이는 모두 처음의 것을 따른 것이다. 《예기》〈예운禮運〉

소련少連과 대련大連이 거상을 잘했다. 어버이가 돌아가신 뒤에 사흘 동안 매우 슬퍼했으나 예절을 게을리 하지 않고, 석 달 동안

해이하지 않았으며, 기년까지 슬퍼하고 3년까지 근심했다. 그는 동이東夷의 사람이었다. 《소학》〈계고稽古 제18장〉

변弁 지방에 사는 사람이 그 어머니가 죽었는데, 어린아이처럼 우는 자가 있었다. 공자가 말하기를, "슬프기는 하겠지. 그러나 그런 절도 없는 울음을 후세 사람이 본받아 계속하기는 어렵다. 무릇 예라는 것은 뒤의 사람에게 전할 수 있어야 하며 계속하게 할 수 있어야만 한다. 그러므로 곡하고 용踊하는 데 모두 절도가 있는 것이다."고 했다. 《예기》〈단궁 상〉

5. 제례祭禮

제례는 오늘날의 의미로 보면 추모식追慕式에 해당한다. 제례는 죽은 자를 추모하는 것이지만, 제례를 행하는 가장 중요한 의미는 그것을 통하여 살아 있는 사람의 삶을 행복하게 하는 데 있다. 조상의 제사를 받드는 목적은 다음과 같은 것으로 정리할 수 있다.

첫째, 조상을 만나는 것이다. 사람이 사회생활을 하면서 경쟁에 시달리다 보면 긴장을 한다. 긴장이 스트레스다. 긴장을 풀지 않으면 살 수 없다. 긴장을 푸는 제일 좋은 것은 경쟁하지 않아도 되는 사람을 만나는 것이다. 경쟁하지 않아도 되는 사람이 부모이고 조상이다. 부모나 조상이 돌아가시고 안 계실 때 만날 수 있는 때가 제사 때이다. 부모나 조상이 자녀나 후손을 대하는 마음은 하늘마음이므로, 변하지 않는다. 제사 때는 그 마음속에 부모나 조상을 만나는 느낌을 갖는 것이다.

둘째, 살아 있는 사람의 축제일이다. 살아 있는 사람 중에서 늘 만나고 싶고 자주 만나고 싶은 사람이 가족이다. 특히 멀리 떨어져 있는 가족을 만나는 것은 행복이다. 멀리 떨어져 있는 가족을 만날 수 있는 때가 제사 때이다. 가족이 그리울수록 제사는 기다려지는 것이다.

셋째, 살아 있는 사람의 불행을 해소하는 것이다. 살아 있는 사람의 불행 중의 하나는 가족끼리 다투는 것이다. 남들끼리 다투는 것도 불행이지만, 가족끼리 다투는 것은 비교가 되지 않을 정도로 불행한 것이다. 이런 불행에서 벗어나는 것이 행복이다. 제사 때는 그런 기회를 갖는다. 형제간에 다투던 사람도 부모의 제사를 지내면서 부모를 느끼면 화목하게 된다. 제사는 살아 있는 사람이 화해하여 화목하게 되는 기회가 된다.

넷째, 제사는 참여하는 사람의 존재와 능력을 인정받음으로써 행복해지는 기회가 된다. 사회생활을 하는 것은 끊임없는 경쟁의 연속이다. 경쟁을 하면 사람들은 남의 존재를 무시하고 남의 능력을 부정하게 된다. 이 때문에 사람들은 외롭고 고통스럽다. 이를 해소하는 좋은 방법이 제사다. 제사에 참여하는 사람은 모두 환영을 받는다. 모두가 당당하게 각자의 정해진 자리에 가서 설 수 있고, 모두가 자기의 능력을 인정받아 능력에 걸맞은 역할을 하게 된다. 제사에서는 소외되는 일이 없다. 제사는 소외되거나 능력을 인정받지 못해 슬픈 사람들이 슬픔을 해소할 수 있는 기회가 된다. 이것이 제사가 갖는 큰 의미이다.

1) 사시제四時祭

시제는 중월仲月에 지내는 것이니 열흘 전에 날을 점친다. 사흘 전에 재계한다. 하루 전에 자리를 설치하고 그릇을 진열한다. 희생을 살펴보고 기물을 씻고 찬을 갖춘다. 그 다음날 일찍 일어나 채소와 과일과 주찬을 진설한다.

날이 밝으면 신주를 받들고 자리에 나아간다. 참신參神을 하고 강신降神을 하며 진찬進饌을 한다. 초헌初獻, 아헌亞獻, 종헌終獻을 한다. 유식侑食을 하고 합문闔門(제관들이 제사를 지낸 뒤 방문을 닫고 밖으로 나가는 것)하고 계문啓門(대문을 여는 것)하고 수조受胙한다. 사신辭神(신에게 작별을 고하는 것)한다. 납주納主한다. 철撤하고 준餕(제사 음식을 먹는 것)한다.

2) 초조初祖

동지冬至에 시조始祖를 제사 지낸다. 제사 지내기 3일 전에 재계한다. 제사 지내기 하루 전에 신위를 설치한다. 제기를 진설한다. 찬을 준비한다. 그 다음날 아침에 일찍 일어나 채소와 과일, 술, 음식을 진설한다.

날이 샐 무렵 제복祭服을 입고 자리에 나아간다. 강신降神하고 참신參神한다. 음식을 진설한다. 초헌, 아헌, 종헌을 한다. 유식하고 합문하고 계문하고 수조하고 사신하고 철하고 준餕한다.

3) 선조先祖

동지에 선조에게 제사 지낸다. 3일 전에 재계한다. 하루 전에 신위를 설치하고 제기를 진설한다. 음식을 준비한다. 그날 아침에 일찍 일어나 채소, 과일, 술, 음식을 진설한다. 날이 샐 무렵 제복을 입고 자리에 나아가 강신하고 참신한다. 음식을 올린다. 초헌, 아헌, 종헌을 한다. 유식하고 합문하고 계문하고 수조하고 사신하고 철하고 준한다.

4) 녜禰(아버지 사당)

계추季秋에 아버지에게 제사 지낸다. 한 달 전 하순에 날을 점친다. 삼일 전에 재계하고 하루 전에 신위를 설치하고 제기를 진설한다. 음식을 준비한다. 그날 아침에 일찍 일어나서 채소, 과일, 술, 음식을 진설한다. 날이 샐 무렵 제복을 차려입고 사당에 나아가 신주를 받들고 정침으로 간다. 참신, 강신, 진찬, 초헌, 아헌, 종헌, 유식, 합문, 계문, 수조, 사신, 납주, 철, 준을 한다.

5) 기일忌日

하루 전에 재계한다. 신위를 설치한다. 제기를 진설한다. 음식을 준비한다. 그날 아침 일찍 일어나 채소, 과일, 술, 음식을 진설한다. 날이 샐 무렵 주인 이하는 제복으로 갈아입는다.

사당에 가서 신주를 받들고 나와 정침으로 간다. 참신, 강신, 진찬, 초헌, 아헌, 종헌, 유식, 합문, 계문, 사신, 납주, 철을 한다. 이날은 술을 마시지 않고, 고기를 먹지 않으며, 음악도 듣지 않고, 참건黲巾을 하고 소복素服과 소대素帶를 하고 지내며, 저녁에는 바깥채에서 잔다.

6) 묘제墓祭

삼월 상순에 택일한다. 하루 전에 재계한다. 음식을 준비한다. 그날 아침에 물 뿌리고 청소를 한다. 자리를 펴고 음식을 진설한다. 참신, 강신, 초헌, 아헌, 종헌, 사신하고 철한다. 네 개의 쟁반을 자리의 남쪽 끝에 진설하고, 그 북쪽에 술잔과 잔 받침과 숟가락, 젓가락을 진설한다. 나머지는 모두 위와 같다. 강신, 참신, 초헌, 아헌, 종헌, 사신을 하고 철하고 물러난다.

《주자가례》〈제례〉

공자께서 조상에게 제사를 지내실 때는 조상이 계시는 것처럼 하셨으며, 신을 제사 지내실 때는 신이 있는 것처럼 하셨다. 공자께서 말씀하셨다. "내가 제사에 참여하지 않으면 제사 지내지 않은 것과 같다."

《논어》〈팔일 제14장〉

먹다 남은 음식으로 선조를 제사 지내지 않는다. 아버지의 먹다 남은 음식으로 자식을 제사 지내지 않고, 남편의 먹다 남은 음식으로 아내를 제사 지내지 않는다. 《예기》〈곡례 상〉

제사의 비용은 1년 경비의 10분의 1을 쓴다. 상중에는 3년 동안 종묘에 제사 지내지 않는다. 오직 천지 사직社稷의 신을 제사 지낼 뿐이다. 이때는 월불越紼(상사喪事를 당해서도 제사를 지냄)하여 제사를 행한다. 상중에는 3년 경비를 총계해서 그 10분의 1을 쓴다. 상·제에 비용이 부족한 것을 포暴라 하고 여유가 있는 것을 호浩라 한다. 제사는 풍년이라 해도 사치하게 해서는 안 되며, 흉년이라 해도 검박하게 해서는 안 된다. 《예기》〈왕제王制〉

제사에는 먼저 축호祝號(축문에 쓰는 호칭)를 만들어서 신에게 고하고, 현주玄酒로써 제사 지낸다. 희생을 잡아서 그 피와 털을 바친다. 희생의 날고기를 조俎에 담고, 효殽를 익히며, 부들자리를 펴고 소포疏布로 술통을 덮는다. 한백澣帛으로 만든 제복을 입고 예잔醴醆을 올리고 번육燔肉과 적간을 드리되 국군國君과 국군 부인이 번갈아서 올린다. 이로써 죽은 자의 혼

조俎

백을 즐겁게 하니 이것을 합막合莫이라고 했다. 예식을 마친 뒤에는 물러나서 합팽合亨한다. 개·돼지·소·양을 구별해서 조에 담고, 보궤簠簋·변두籩豆·형갱鉶羹에 각기 물건을 담는다. 축사는 효孝로써 고하고, 하사下士는 자애慈愛의 뜻으로써 고한다. 이것을 '대선大善의 길'이라고 하는데 예禮의 대성大成이다. 《예기》〈예운〉

보簠

궤簋

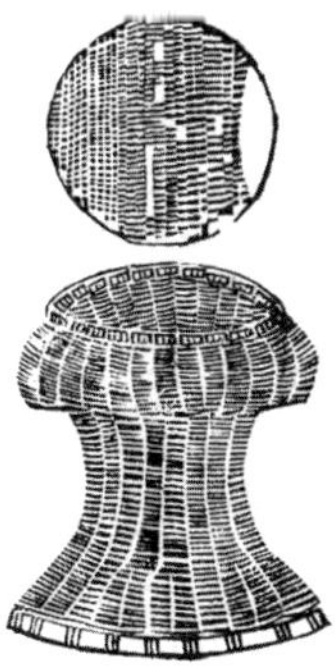

변籩

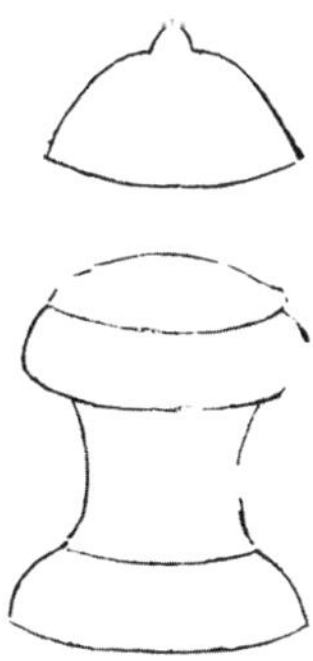

두豆

형鉶

그러므로 선왕은 예가 하민에게 이르지 못할 것을 근심했다. 그래서 상제上帝를 교郊에서 제사 지내니, 이것은 천위天位를 정하여 윗사람을 공경하는 예를 알리려는 것이다. 서울에서 토지신을 제사 지내니, 이것은 땅의 이익을 나열하여 보본報本하는 예를 알게 하는 것이다. 조묘祖廟에서 선조를 제사 지내니, 이것은 인은仁恩을 보답하는 일에 바탕을 두어 효도하는 도리를 알게 하려는 것이다. 산천山川의 신을 제사 지내니, 이것은 귀신을 공경하여 섬기는 길을 알게 하려는 것이다. 또 오사五祀의 신을 제사 지내니, 이것은 제도가 무엇에 바탕을 두고 일어났는가를 알게 해서 이를 따르게 하려는 것이다.

그러므로 종宗·축祝은 종묘에 있고, 삼공三公은 조정에 있고, 삼로三老는 학교에 있다. 왕은 무관巫官을 앞에 두고 사관史官을 뒤에 두었으며, 복卜·서筮·고瞽·유侑가 모두 좌우에 있어서 왕을 보좌했다. 왕이 나라의 중앙에 있어도 적임자에게 직책을 맡길 수 있으니 마음에 달리 생각하는 바가 있을 리 없다. 다만 군도君道의 지극히 바른 것을 지키는 것뿐이다. 《예기》〈예운〉

무릇 사람을 다스리는 길로써 예보다 급무인 것은 없다. 예에는 길吉·흉凶·군軍·빈賓·가嘉의 오례가 있는데, 그중에서 제례보다 더 중요한 것은 없다. 대체로 제례는 외면에서 형성되는 것이 아니라 내면에서 나오는 것으로써 마음에서 생겨나는 것이다. 그리하여 두려워하는 마음으로써 성심껏 이를 받들어 행함에 있어 예로써 하는 것이다. 이것이 제사의 참뜻이다. 그러므로 오직 어진 이만이 능히 제례의 의의를 다한다고 할 수 있다.

《예기》〈제통祭統〉

제7장

개인윤리와 이상적 삶

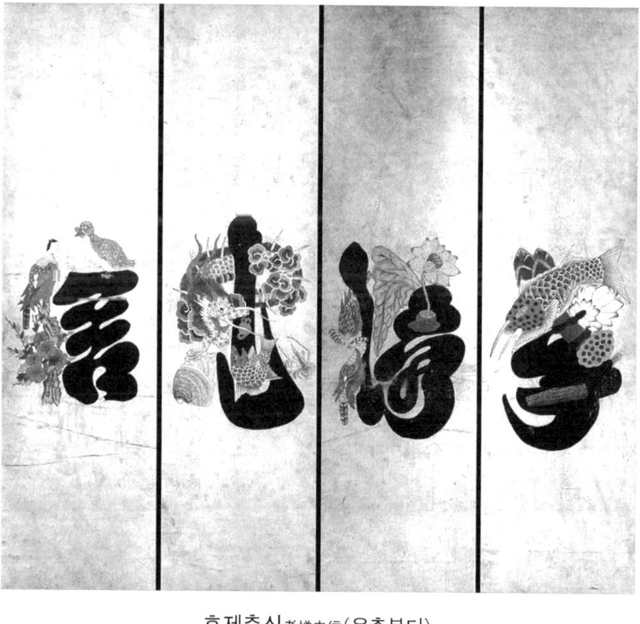

효제충신孝悌忠信(우측부터)

개인윤리는 개인이 사회에 살면서 지켜야 할 행동윤리를 말하는 것으로 유교에서는 이 윤리의 으뜸을 예禮로 표현하였다.

예란 다른 사람과 식사를 할 때 혼자서 배불리 먹으려 하지 않으며, 손으로 집어 먹지 않으며, 숟가락으로 밥을 다지거나 많이 뜨지 않으며, 뼈를 씹지 않으며, 먹던 고기를 접시에 올려놓지 않으며, 부모를 모시고 있을 때 겨울이 오면 부모를 따뜻하게 하여 드리며, 자기 전에 잠자리를 보살펴 드리며, 아침에 문안인사를 드리며, 외출할 때 반드시 알리며, 돌아와서는 반드시 인사를 드리며, 남의 집을 방문할 때 먼저 기침소리를 내어 알리며, 문 밖에 신이 두 켤레 놓여 있을 경우 목소리가 들리면 들어가지만 들리지 않으면 들어가지 않으며, 문 안으로 들어설 때는 아래쪽을 바라보며, 문의 손잡이는 두 손으로 잡으며, 두리번거리거나 사방을 둘러보지 않으며, 들어갈 때 문이 열려 있었으면 열린 채 놓아두지만 닫혀 있었으면 뒤에 따라 들어오는 사람이 없을 경우 닫는 등과 같은, 인간사회에서 인간이 개인적으로 지켜야 하는 윤리 하나하나가 모두 예의 내용이다.

나아가서는 관혼상제冠婚喪祭 등에 관한 모든 의식과 절차까지도 모두 예에 속한다. 예가 확립되어야만 인간 사회가 유지되기 때문에 유교에서의 일차적인 배움의 대상은 예이다. 그런데 예는 너무 복잡하므로 다 익히기가 어렵다는 데 문제가 있다. 이 문제를 해결하는 것이 바로 예의 정신을 이해하는 것이다. 예의 정신을 이해하여 터득하면 예를 하나하나 다 배우고 익히지 않더라도 능동적으로 예를 실천할 수 있을 것이기 때문이다.

예의 정신은 오륜五倫을 지키는 데 있다. 모든 인간관계는, 부모와 자녀의 관계, 임금과 신하의 관계 – 이는 계급적인 모든 상하 관계를 포함한다. – 남편과 아내의 관계, 형과 아우의 관계 – 이는 선배와 후배 등 모든 비계급적인 연령별 상하 관계를 포함한다. – 친구 관계의 다섯 가지 유형으로 분류할 수 있다. 이 다섯 가지 유형으로 분류되는 인간관계를 원만하게 유지하는 방법이 오륜인 것이다.

오륜이란, 부모와 자녀의 관계에서 유지하여야 하는 친親, 임금과 신하의 관계에서 유지하여야 하는 의義, 남편과 아내의 관계에서 유지하여야 하는 별別, 연장자와 연소자의 관계에서 유지하여야 하는 서序, 친구관계에서 유지하여야 할 신信이다. 이 오륜은 서로 다른 존재로 보이는 인간관계에서 서로 '하나 됨'의 상태를 유지하는 구체적인 방법이다. 이상적인 사회란 그 사회에 사는 모든 사람들이 한마음이 되어 사회 전체가 한 가정처럼 되는 사회인데, 구체적으로는 오륜이 실현되고 예가 실현되는 사회이다.

오륜은 남과 내가 하나가 되는 윤리이기 때문에 한마음을 알고 실천하는 것으로 귀결된다. 유교에서는 한마음을 인의예지仁義禮智로 설명하고 한마음을 지키는 것을 도덕道德으로 설명한다.

1. 개인윤리

유교의 개인윤리는 하늘의 뜻을 따르는 구체적 방법들로 구성

되어 있다. 도덕道德이 그것이고 인의예지仁義禮智가 그것이며 효제충신孝悌忠信이 모두 그것이다.

1) 도道

군자의 도는 비유하면 먼 곳에 가더라도 반드시 가까운 데서부터 출발하는 것과 같으며, 비유하면 높은 곳에 가더라도 반드시 낮은 데서부터 출발하는 것과 같다. 《시경詩經》에 이르기를 '처자가 좋아하고 화합함이 비파와 거문고를 타는 듯하고, 형제간이 화합하여 화락하고 또 즐겁도다. 너의 집안을 마땅하게 하고 너의 처자를 즐겁게 한다.' 하였는데, 공자는 "〈이렇게 되면〉 부모가 편안할 것이로다." 하셨다. 《중용》〈제15장〉

맹자께서 말씀하셨다. "천하에 도道가 있으면 도가 자기 몸을 따르게 하고, 천하에 도가 없으면 자기 몸만이 도를 따르게 한다. 도를 가지고 남을 따른다는 말은 듣지 못했다."

《맹자》〈진심장구 상 제42장〉

2) 덕德

공자께서 말씀하였다. "태백泰伯은 지극한 덕을 가진 사

태백泰伯

람이라고 말할 수 있다. 세 번 천하를 양보하였으나 백성들이 거기에 대하여 칭송할 수 없게 하였다." 《논어》〈태백 제1장〉

어떤 사람이 말하였다. "은덕恩德을 베풀어 원한怨恨에 보답하면 어떠합니까?"

공자께서 말씀하셨다. "〈그렇게 하면〉 무엇으로 은덕에 보답하겠는가? 곧은 마음으로 원한에 보답하고, 은덕으로 은덕에 보답하여야 한다." 《논어》〈헌문 제36장〉

공자께서 말씀하셨다. "덕이 있는 사람은 외롭지 않다. 반드시 이웃이 있다." 《논어》〈이인 제25장〉

3) 인仁

공자께서 말씀하셨다. "도道에 뜻을 두며, 덕德에 근거하며, 인仁에 의하며, 예藝에서 노닌다."

《논어》〈술이 제6장〉

번지樊遲가 어진 것에 대해서 물으니 공자께서 말씀하셨다. "인자仁者는 어려운 일을 먼저하고 얻는 것

번지樊遲

을 나중에 하니 이렇게 하면 어질다고 할 수 있다."

《논어》〈옹야 제20장〉

공자께서 말씀하셨다. "거친 밥을 먹고 물을 마시며 팔을 굽혀 베고 누워도 즐거움은 또한 그 가운데 있으니, 의롭지 않으면서 부귀한 것은 나에게 있어서는 뜬구름과 같도다."

《논어》〈술이 제15장〉

왕자점王子墊이 물었다. "선비는 무엇을 일삼습니까?" 맹자께서 말씀하셨다. "뜻을 고상하게 가진다." "무엇을 뜻을 고상하게 가지는 것이라 합니까?" "인과 의에 뜻을 두는 것일 뿐이다. 한 사람이라도 죄 없는 사람을 죽이면 인한 것이 아니며, 자기의 소유가 아닌 것을 가지면 의로운 것이 아니다. 있어야 할 곳은 어디에 있는가? 인이 그것이며, 길은 어디에 있는가? 의가 그것이다. 인에 있으며 의에 말미암으면 대인大人의 일이 갖추어진다."

《맹자》〈진심장구 상 제33장〉

맹자께서 말씀하셨다. "군자가 만물에 대해서 사랑하기는 하지만 어진 마음으로 대하지는 않으며, 일반 백성에 대해서는 어진 마음으로 대하지만 완전히 하나가 되지는 않는다. 가족과 하나가 되고서 백성들에게 어질게 대하며, 백성들에게 어질게 대하고서 만물을 사랑한다."

《맹자》〈진심장구 상 제45장〉

맹자께서 말씀하셨다. "어질고 현명한 사람을 믿지 않으면 나라가 텅 비게 되고, 예의를 업신여기면 위아래가 혼란해지고, 정치를 소홀히 하면 재정이 부족하다." 《맹자》〈진심장구 하 제12장〉

맹자께서 말씀하셨다. "어질지 못하면서 나라를 얻은 자는 있지만 어질지 못하고서 천하를 얻은 자는 있지 않다."

《맹자》〈진심장구 하 제13장〉

4) 의義

공자께서 말씀하셨다. "군자가 세상살이하는 모습은 해야만 한다는 것도 없고, 하지 않으면 안 된다는 것도 없다. 오직 의로움과 함께하고 의로움을 따를 뿐이다." 《논어》〈이인 제10장〉

공자께서 말씀하셨다. "자기가 제사 지내야 할 귀신이 아닌데도 제사 지내는 것은 아첨이고, 의로운 일을 보고도 하지 않는 것은 용기가 없는 것이다." 《논어》〈위정 제24장〉

맹자께서 말씀하셨다. "생선도 내가 먹고 싶어 하는 바이고 곰 발바닥 또한 내가 먹고 싶어 하는 바이지만, 두 가지를 동시에 먹을 수 없다면 생선을 놓아두고 곰 발바닥을 먹게 된다. 사는 것 또한 내가 바라는 바이고 의로움 또한 내가 바라는 바이지만 두 가지를 동시에 가질 수 없다면 사는 것을 놓아두고 의로움을 취하겠다.

사는 것도 내가 원하는 바이지만 원하는 바가 사는 것보다 더한 것이 있다. 그러므로 삶을 구차하게 구하려고 하지 않는 것이다. 죽는 것 또한 내가 싫어하는 바이지만, 싫어하는 것이 죽는 것보다 더한 것이 있다. 그러므로 환난患難이라도 피하지 않는 것이 있다. 만약 사람이 원하는 것 중에 사는 것보다 더한 것이 없다면, 무릇 삶을 얻을 수 있는 경우에는 무슨 방법인들 쓰지 않겠으며, 만약 사람이 싫어하는 것 중에 죽는 것보다 더한 것이 없다면, 무릇 환난을 피할 수 있다면 무슨 짓이든 하지 않겠는가?

이와 같으므로 살 수 있다 하더라도 하지 아니하는 것이 있으며, 이와 같으므로 환난을 피할 수 있어도 피하지 아니하는 것이 있다. 그러므로 원하는 것이 사는 것보다 더한 것이 있으며, 싫어하는 것이 죽는 것보다 더한 것이 있다. 오직 현명한 사람만이 이러한 마음을 가지고 있는 것이 아니라 사람들이 모두 가지고 있지만, 현명한 사람은 잃어버리지 않을 수 있는 것이다.

한 도시락의 밥과 한 사발의 국을 얻으면 살고 얻지 못하면 죽더라도, 꾸짖으며 주면 길 가는 사람도 받지 않으며, 발로 차서 주면 걸인도 좋게 여기지 아니한다.

만종萬鍾의 녹祿은 예의를 따지지 아니하고 받는데, 만종의 녹이 나에게 무엇을 더해주는가? 집과 방의 아름다움과 처첩의 받듦과 알고 있는 궁핍한 자들이 나에게서 얻어가는 것을 위해서일 것이다.

전에 자신을 위해서는 죽어도 받지 않다가 이제 집과 방의 아름다움을 위해서 받으며, 전에 자신을 위해서는 죽어도 받지 않다가 이제 제 처첩이 받들어주는 것을 위해서 받으며, 전에 자신을 위해서는 죽어도 받지 않다가 이제 알고 있는 궁핍한 자들이 나에게서 얻어가는 것을 위해서 받는 것이니, 이 또한 그만둘 수 없는가! 이것을 '본마음을 잃었다.'고 하는 것이다."

《맹자》〈고자장구 상 제10장〉

5) 예禮

도덕과 인의도 예로써 하지 않으면 이루어지지 않는다. 사람을 가르쳐서 풍속風俗을 바르게 하는 것도 예로써 하지 않으면 갖추어지지 않는다. 쟁송爭訟을 분변하는 것도 예로써 하지 않으면 결단하지 못한다. 군신君臣, 상하上下, 부자父子, 형제兄弟도 예로써 하지 않으면 질서 있게 되지 않는다. 스승을 섬겨서 사환仕宦의 길을 배우고 육예六藝를 익히는 것도 예로써 하지 않으면 내용이 확실해지지 않는다. 조정의 위치를 바로잡는 것도, 군대를 다스리는 것도, 관직에 있어 법을 행하는 것도 예로써 하지 않으면 위엄이 행해지지 않는다. 신사神祠에 기도하고 제사 지내며 귀신에게 제물을 바치는 것도 예로써 하지 않으면 정성스럽지 못하고 장엄하지 못하다.

이런 까닭으로 군자는 언제나 공경하고 절도를 알맞게 하며 사양하고 겸손하며 예를 밝힌다.

《예기》〈곡례 상〉

성성猩猩이

앵무새가 말을 할 줄 알지만 새에서 벗어나지 못하고, 성성猩猩이 말을 할 줄 알지만 짐승에서 벗어나지 못한다. 이제 사람이 예가 없다면 비록 말을 하나 또한 금수禽獸의 마음이 아니겠는가! 대체로 금수는 예가 없다. 그러므로 부자父子가 암컷을 공유한다. 이런 까닭으로 성인이 예를 만들어 사람을 가르쳐서 사람으로 하여금 예가 있어서 스스로 금수와 구별할 줄 알게 했다. 《예기》〈곡례 상〉

사람이 예가 있으면 편안하고 예가 없으면 위태롭다. 그렇기 때문에 예는 배우지 않을 수 없는 것이다. 무릇 예라는 것은 자기를 낮추고 남을 높이는 것을 원칙으로 한다. 비록 막노동하는 미천한 자라 하더라도 반드시 존경하는 마음이 있어야 하는데 하물며 부귀한 사람이겠는가! 부귀한 사람으로서 예를 좋아할 줄 알면 교만하지 않고 어지럽지 않다. 빈천한 사람으로서 예를 좋아할 줄 알면 뜻이 두려움을 느껴 위축되지 않는다. 《예기》〈곡례 상〉

〈여행 중에〉 남의 집에서 자려는 자는 무엇인가를 주인에게 굳이 요구해서는 안 된다. 장차 마루에 오르려 할 때는 반드시 목소리를 높이고, 방문 밖에 신이 두 켤레 있을 때는 말소리가 들리면 들어가고 들리지 않으면 들어가지 않는다. 문 안에 들어서려 할 때는 반드시 아래를 보고, 문을 들어설 때는 공수拱手하고 옆을 보거나 뒤를 돌아보지 않는다. 문을 들어설 때 문이 열려 있었으면 열린 대로 두고, 문이 닫혀 있었으면 또한 닫는다. 뒤에서 들어오는 자가 있을 때는 문을 닫아서 사람이 들어오지 못하게 하는 일이 없게 한다. 남의 신을 밟지 말고, 손님의 자리를 넘어서 자기 자리에 가는 일이 없게 한다. 옷을 걷어들고 방의 구석으로 빨리 가서 자기 자리에 앉으며, 반드시 응답을 삼간다.

《예기》〈곡례 상〉

무릇 손님과 함께 방으로 들어가는 자는 문마다 손님에게 사양하고 먼저 들어가지 않는다. 손님이 침문寢門에 이르렀을 때는 주인이 청하여 먼저 당堂으로 들어가서 자리를 만든 뒤에 나와서 손님을 맞이한다. 손님은 먼저 들어가기를 굳이 사양하고, 주인이 손님을 인도하여 들어간다. 주인은 문을 들어가서 오른쪽으로 나가고, 손님은 문을 들어가서 왼쪽으로 나간다.

당에 오를 때는 주인은 동쪽 계단으로 오르고, 손님은 서쪽 계단으로 오른다. 손님이 만일 주인보다 작위가 아래일 때는 주인이 오르는 동쪽 계단으로 오르되, 주인이 굳이 사양한 뒤에야 다시 서쪽 계단으로 오른다. 계단을 오를 때 주인과 손님이 서로 먼저 오르기를 사양한다. 그런 뒤에 주인이 먼저 오르고 손님이 이에 따른다. 계단을 오를 때는 한 발로 한 단을 밟고 그 다음에 뒷발을 옮겨놓아서 발을 모은다. 이와 같은 방법을 되풀이해서 위로 올라간다. 동쪽 계단을 오를 때는 오른발을 먼저 올려놓고, 서쪽 계단을 오를 때는 왼발을 먼저 올려놓는다. 《예기》〈곡례 상〉

옆에서 귀를 기울여서 남의 대화를 엿듣지 않고, 소리쳐서 남에게 응답하지 않으며, 곁눈질해서 보지 않는다. 몸가짐과 동작을 게으르고 해이하게 하지 말아야 하며, 길을 갈 때는 공손하고 삼가서 거만한 태도를 가지지 않는다. 설 때는 비딱하게 서지 않고 앉을 때는 정좌正坐할 것이며, 잠잘 때는 엎드려 자지 않는다. 머리털을 거두어 싸매 늘어뜨리지 말아야 하며, 갓을 벗지 않는다. 일이 고달프더라도 어깨를 벗지 않고 더워서 견디기 어렵더라도 치마나 바지를 걷어 올리지 않는다. 《예기》〈곡례 상〉

언언言偃

언언言偃(자유子游)이 물었다. "예의 급무急務인 것이 진실로 이와 같습니까?" 하니, 공자가 말하기를, "대체로 예라는 것은 선왕이 하늘의 도리를 이어받아서 사람의 정情을 다스리는 것이므로, 이것을 잃는 자는 죽고, 얻는 자는 산다. 《시경》에 이르기를, '쥐를 보니 오체五體가 있어, 사람인데 예절이 없네. 사람이 예절 없으면 어찌 바로 죽지 않나.' 했다. 이런 까닭으로 예는 반드시 하늘에 근본하고 땅을 본받으며, 귀신을 열람하여 상喪·제祭·사射·어御에서 관혼冠婚·조빙朝聘에 이르기까지 천하에 통행하여 걸릴 것이 없는 것이다. 그러므로 성인이 몸소 예를 보여주어서 천하 국가를 바르게 할 수 있는 것이다. 《예기》〈예운〉

무엇을 인정人情이라고 하는가. 희喜·노怒·애哀·구懼·애愛·오惡·욕欲의 일곱 가지다. 이것은 사람이 배우지 않고도 할 수 있는 것이다.

무엇을 인의仁義라고 하는가. 아버지는 자식을 사랑하고 자식은 아버지에게 효도하며, 형은 어질게 아우에게 대하고 아우는 형을 공경하여 받들며, 남편은 바른길로 아내를 이끌고 아내는 유순하게 일에 따르며, 어른은 어린이를 사랑하고 어린이는 어른에게 순종하며, 임금은 신하에게 인애仁愛하고 신하는 임금에게 충성하는 것, 이 열 가지를 인의라고 한다.

신의信義를 강명講明하고 돈독함과 화목함을 숭상하는 것을 사람의 이로움이라고 한다. 쟁탈해서 서로 죽이는 것을 사람의 근심거리라고 한다.

이런 까닭으로 성인이 사람의 칠정七情을 다스리고 십의十義를 밝히며 신의를 강명하고 돈독함과 화목함을 숭상하며 자애慈愛와 겸양謙讓을 숭상하여 쟁탈을 없게 한 것이다. 따라서 예를 버리면 무엇으로 이것을 다스릴 것인가. 《예기》〈예운〉

예라는 것은 마치 몸과 같은 것이다. 몸이 갖추어지지 않았다면 군자는 이것을 성인成人이 되지 못하였다고 한다. 또 베푸는 것이 마땅치 않으면 이것은 예가 갖추어지지 않은 것과 같은 것이다. 예에는 큰 것이 있고 작은 것이 있으며, 나타나는 것이 있고 미세한 것이 있으므로, 큰 것을 덜어도 안 되고 작은 것을 더해도 안 되고 나타나는 것을 가려도 안 되고, 미세한 것을 크게 해서도 안 된다. 그러므로 경례經禮 300가지, 곡례曲禮 3,000가지인데, 그 원리는 모두 하나이다. 〈예를 지키지 않을 수 없으니〉 방문을 거치지 않고 방에 들어가는 자가 있지 않은 것과 같은 것이다.

《예기》〈예기禮器〉

《예기》〈곡례〉에 말하기를, "남과 나란히 앉았을 때에는 팔을 옆으로 뻗치지 않는다. 서 있는 자에게 물건을 줄 때에는 꿇어앉아서 주지 않고, 앉아 있는 자에게 물건을 줄 때에는 서서 주지 않는다." 하였다. 《소학》〈경신敬身 제29장〉

임任나라 사람이 옥려자屋廬子에게 물은 적이 있었다. "예를 지키는 것과 먹는 것은 어느 것이 중요한가?" 옥려자가 대답하였다. "예를 지키는 것이 중요하다." "색色을 추구하는 것과 예를 지키는 것은 어느 것이 더 중요한가?" "예를 지키는 것이 중요하다." "예에 맞게 먹으면 굶어서 죽고 예를 지키면서 먹지 않으면 먹을 수 있다 하더라도 반드시 예에 맞게 먹겠는가? 친영親迎을 하면 아내를 얻지 못하고 친영을 하지 않으면 아내를 얻는다 하더라도 반드시 친영을 하려고 하겠는가?"

옥려자가 대답하지 못하고 다음날 추鄒나라에 가서 그 사실을 맹자에게 아뢰자, 맹자께서 말씀하셨다. "이에 대한 대답에 무슨 어려움이 있겠는가? 아랫부분을 헤아리지 않고 윗부분만 나란히 놓는다면 사방 한 치 되는 나무를 잠루岑樓보다 높게 할 수 있다. 쇠가 깃털보다 무겁다는 것은 어찌 한 갈고리의 쇠와 한 수레의 깃털을 말하는 것이겠는가? 먹는 것 중의 중요한 것과 예를 지키는 것 중의 가벼운 것을 취하여 비교한다면, 어찌 먹는 것이 중요할 뿐이겠으며, 색을 추구하는 것 중의 중요한 것과 예를 지키는 것 중의 가벼운 것을 취하여 비교한다면, 어찌 색을 추구하는 것이 중요할 뿐이겠는가! 가서 그 질문에 대답하라. '형의 팔을 비틀어서 그에게서 먹을 것을 빼앗으면 먹을 수 있고, 비틀지 않으면 먹을 수 없는 경우에도 비틀겠는가? 동쪽 집의 담을 넘어가서 그 집의 처자處子를 끌어오면 아내를 얻고, 끌어오지 않으면 아내를 얻지 못할 경우에도 끌어오겠는가?'라고."

《맹자》〈고자장구 하 제1장〉

6) 지知

번지樊遲가 지혜에 대해서 물으니, 공자께서 말씀하셨다. "백성들을 의롭게 만드는 데 힘쓰고 귀신을 공경하되 멀리하면 지혜롭다고 할 수 있다." 《논어》〈옹야雍也 제20장〉

공자께서 말씀하셨다. "알지 않은 상태로 행동하는 것이 있는가! 나는 그렇게 하지 못한다. 많이 듣고서 그중에서 좋은 것을 골라서 따르며, 많이 보아서 기억해둔다. 이는 지혜로움의 두 번째 수준이다." 《논어》〈술이述而 제27장〉

7) 효孝

공자께서 말씀하셨다. "부모가 생존해 계시면 먼 데 가서 놀지 아니하고 놀더라도 반드시 일정한 곳이 있어야 한다."

《논어》〈이인里仁 제19장〉

무릇 사람의 자식이 되어 부모를 섬기는 예는, 겨울에는 따뜻하게 해드리고, 여름에는 서늘하게 해드린다. 밤에는 자리를 펴서 편안히 쉬게 해드리고, 아침에는 문안드린다. 그리고 벗 사이에서는 언제나 친목을 도모해서 다투지 않는다. 또한 아버지의 친구를 뵈었을 때는 나오라고 이르지 않으면 감히 나오지 못하고, 물러가라고 이르지 않으면 감히 물러가지 못하며, 묻지 않으면 대답하지 못한다. 이것이 효자의 행실이다. 《예기》〈곡례 상〉

사람의 자식 된 자는 나갈 때 반드시 부모에게 그 갈 곳을 알리고, 돌아왔을 때는 반드시 부모를 뵙고 인사를 드리되, 그 안부를 눈여겨본다. 또 노는 곳도 반드시 정해져 있어 함부로 딴 곳에 가지 않고 익히는 바도 반드시 일정한 일이 있어 함부로 다른 일을 하지 않는다. 또 평상시의 언어言語에 늙었다는 말을 하지 않는다.

나이가 나보다 갑절이 더할 때는 아버지를 섬기는 예로써 섬기고, 10년이 더하면 형을 섬기는 예로써 섬긴다. 5년이 더하면 어깨를 나란히 해서 이에 따르고, 동배同輩 다섯 사람이 모여 있을 때는 그중에서 연장자가 반드시 자리를 달리하여 앉는다.

《예기》〈곡례 상〉

사람의 자식 된 자는 방에 있을 때 아랫목에 앉지 않고, 자리의 한가운데에 앉지 않는다. 길 한가운데로 가지 않으며, 문 한가운데에 서지 않는다. 부모나 빈객을 대접할 때는 미리 음식의 분량을 정하지 않는다. 또 제사 지낼 때 시동尸童이 되지 않는다. 비록 부모의 소리를 듣지 못하는 때라도 듣는 것같이 하고, 부모의 모습을 보지 못하는 때라도 보는 것같이 한다. 높은 곳에 오르지 않고 깊은 곳에 임하지 않으며, 함부로 남을 흉보지 않고, 또 함부로 웃지 않는다.

《예기》〈곡례 상〉

효자는 어두운 곳에서 일에 종사하지 않으며, 위태로운 곳에 오르지 않는다. 이는 어버이를 욕되게 할 것을 두려워하기 때문이다.

부모가 살아 계실 때는 벗과 함께 죽기를 허락하지 않으며, 자기 소유의 재물을 갖지 않는다. 《예기》〈곡례 상〉

부모가 병이 있을 때는 갓을 쓴 자는 머리를 빗질하지 않고, 길을 걸을 때는 달리지 않는다. 농담을 하지 않고 거문고의 비파를 타지 않는다. 고기를 먹어도 입맛을 다시지 않고, 술을 마셔도 용모를 바꾸지 않는다. 웃어도 잇몸을 드러내지 않고, 성내도 욕하기에 이르지 않는다. 부모의 병이 나으면 다시 평상시로 돌아간다. 《예기》〈곡례 상〉

자유子遊가 효孝를 묻자 공자께서 말씀하셨다. "지금의 효라는 것은 몸을 봉양할 수 있음을 말하지만 개와 말에 이르러서도 다 기름이 있을 수 있으니 공경하지 아니하면 무엇으로써 구별할 수 있겠는가?" 《논어》〈위정 제7장〉

자하子夏

자하子夏가 효를 묻자 공자께서 말씀하셨다. "얼굴빛을 온화하게 하는 것이 어려우니, 일이 있을 때 동생이나 아들이 그 수고로움을 대신하고, 술과 밥이 있을 때 아버지나 형에게 잡숫게 하는 것을 일찍이 효라고 할 수 있겠는가?" 《논어》〈위정 제8장〉

만장萬章이 "순임금이 밭에 가서 하늘에 호소하며 우셨는데, 무엇 때문에 호소하며 우신 것입니까?" 하고 묻자, 맹자께서는 "부모를 원망하고 사모하신 것이다."라고 말씀하셨다.

그러자 만장이 다시 물었다. "부모가 자기를 사랑해주면 기뻐하고 잊지 말며, 부모가 자기를 미워하면 부모의 마음을 돌이키려고 애를 쓰지만 원망하지는 말아야 하는 것인데, 그렇다면 순임금은 원망하신 것입니까?"

이에 맹자께서는 다음과 같이 대답하셨다. "장식長息이라는 사람이 공명고公明高에게 묻기를, '순임금이 밭에 갔다는 것에 대해서는 내가 이미 들었거니와, 하늘과 부모에게 호소하고 우셨다는 것에 대해서는 나는 모르겠습니다.' 하자, 공명고가 말하기를, '이것은 네가 알 수 있는 것이 아니다.' 하였다. 공명고는 효자의 마음을 이처럼 냉담한 것, 즉 '내가 힘을 다해 밭을 갈아 공손히 자식의 직분을 할 따름이니 부모가 나를 사랑하지 아니하는 것은 나에게 무슨 상관이 있겠는가?'라고 할 수 있는 것이 아니라고 생각한 것이다.

요임금이 그 자녀인 9남2녀로 하여금 문무백관의 신하들과 소와 양과 창고를 갖추어 순을 농사짓는 곳에서 섬기게 하였는데, 천하의 선비 중에 그에게 찾아가는 자가 많았으므로, 천하의 인심을 살펴보아 순에게 임금 자리를 물려주려 하였다.

그러나 순은 부모에게 인정받지 못하였기 때문에 의지할 데 없는 곤궁한 사람 같았다. 천하의 사람들에게 인기가 있는 것은 사람들이 모두 바라는 바이지만 순임금의 근심을 덜기에 부족하였다. 아름다운 여인은 모든 남자들이 바라는 바이지만 요임금의 두 딸을 취하고서도 순임금의 근심은 풀리지 않았다. 부유함은 모든 사람들이 바라는 바이지만, 천하를 다 소유한다 하더라도 순임금의 근심은 풀리지 않았다. 귀한 직위는 모든 사람들이 바라는 바이지만 천자天子가 된다 하더라도 순임금의 근심은 풀리지 않았다. 사람들에게 인기가 있고, 아름다운 여인을 얻고, 부귀를 차지하더라도 순임금의 근심은 풀리지 않았다. 오직 부모에게 사랑을 받고 인정을 받는 것만이 순임금의 근심을 풀 수 있었다.

사람들은 어릴 때는 부모를 사모하다가, 사춘기思春期에 접어들면 예쁜 소녀를 사모하게 되고, 처자를 두면 처자를 사모하고, 벼슬을 하면 임금을 사모하여 임금에게 신임을 얻지 못하면 속을 태우지만, 큰 효자는 종신토록 부모를 사모하는 것이니, 50세가 되었는데도 여전히 부모를 사모하는 것을 나는 순임금에게서 보았다."

《맹자》〈만장장구萬章章句 상 제1장〉

노래자老萊子가 두 어버이를 효성으로 섬겼다. 나이 70세에 어린애처럼 재롱을 부리며 채색이 영롱한 옷을 입었다. 일찍이 물을 들고 마루에 오르다가 짐짓 넘어져 땅에 누워서 어린애 울음소리를 냈으며, 어버이 곁에서 새 새끼를 가지고 놀았다. 이것은 모두 어버이를 기쁘게 하려는 것이었다. 《소학》〈계고稽古 제14장〉

노래자老萊子의 재롱

맹자께서 말씀하셨다. "불효不孝에 세 가지가 있으니, 후손이 없는 것이 가장 크다. 순임금이 부모에게 아뢰지 않고 장가든 것은 후손이 없을 것을 염려하였기 때문이니, 군자는 그것을 아뢴 것과 같다고 여겼다." 《맹자》〈이루장구 상 제27장〉

증석曾晳(증점曾點)이 대추를 좋아했으므로 아들인 증자는 아버지 생각이 나서 차마 대추를 먹지 못했다. 이러한 사실에 대해서 공손추가 물었다. "회와 불고기하고 대추는 어느 것이 맛있습니까?"

증석曾晳

맹자께서 말씀하셨다. "회와 불고기이다." 공손추가 말했다. "그렇다면 증자는 무슨 연유로 회와 불고기는 먹으면서 대추는 먹지 않았습니까?" "회와 불고기는 모든 사람이 다 좋아한 것이고 대추는 아버지께서만 좋아한 것이다. 이름은 부르는 것을 피하고 성은 피하지 않는 것이니, 성은 많은 사람이 같이 쓰는 것이고 이름은 혼자서만 쓰는 것이기 때문이다."

《맹자》〈진심장구 하 제36장〉

8) 제悌

스승을 따라 길을 갈 때는 길 건너에 있는 다른 사람과 말하지 않는다. 스승을 길에서 만났을 때는 걸음을 빨리하여 나가서 바르게 서서 공수한다. 스승이 자기를 향해서 말할 때는 대답하고, 말하지 않을 때는 걸음을 빨리해서 뒤로 물러선다. 그리고 연장자를 따라 구릉에 오를 때는 언제나 연장자가 보는 곳에 눈을 향한다. 뿐만 아니라, 남과 성을 오를 때는 함부로 가리키지 않고, 성 위에서 함부로 외치지 않는다.

《예기》〈곡례 상〉

스승의 서책 또는 금슬琴瑟이 내가 가려는 앞에 놓여 있을 때는 꿇어앉아서 이것을 옆으로 옮겨놓고 지나간다. 몸을 삼가고 조심하여 행여 이를 타고 넘지 않아야 한다. 《예기》〈곡례 상〉

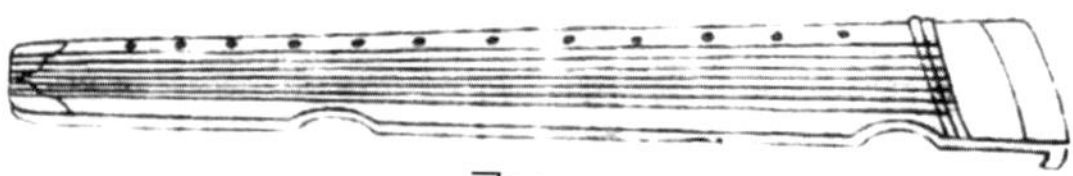

금琴

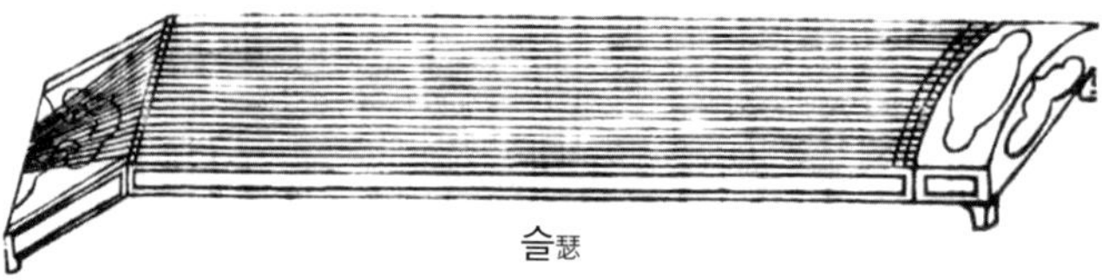

슬瑟

군자의 곁에 시좌侍坐했을 때, 군자가 피곤하여 하품을 하거나 기지개를 켠다면 곧 그 지팡이와 신을 손에 들 것이다. 또 군자가 해가 저물어가는 것을 바라보고 있을 때 시좌한 자는 곧 자리에서 물러갈 것을 청한다. 또 군자를 시좌하고 있을 때, 군자가 한 가지 물음을 끝내고 다른 일을 고쳐 물으면 반드시 일어나서 대답한다. 그리고 군자를 시좌하고 있을 때, 만일 손님이 와서 "잠깐만 말씀 여쭙기를 원합니다."라고 하면 군자의 곁에서 물러나 명령이 있기를 기다린다. 《예기》〈곡례 상〉

연장자를 모시고 술을 마실 때, 연장자가 시자侍者에게 술을 주면 시자는 일어나서 술잔이 있는 곳으로 가서 절하고 받는다. 연장자가 이와 같이 하는 것을 못하게 말리면 곧 자기 자리로 돌아와서 마신다. 연장자가 술잔을 들어서 잔을 비우지 않았으면 시자는 감히 마시지 못한다. 그리고 연장자가 물건을 주면 연소한 자와 비천한 자가 감히 사양하지 못한다. 《예기》〈곡례 상〉

9) 충忠과 서恕

공자께서 말씀하셨다. "삼參아! 나의 도는 하나를 가지고 모든 것을 꿰뚫고 있다." 증자는 "예." 하고 재빨리 대답하였다. 공자께서 나가시자 문인들이 물었다. "무슨 말씀입니까?" 증자가 말하였다. "선생님의 도는 충忠과 서恕뿐이다." 《논어》〈이인里仁 제15장〉

10) 신信

공자께서 말씀하셨다. "사람으로서 신의信義가 없으면 그 가可함을 알지 못하겠다. 큰 수레에 끌채 끝이 없고 작은 수레에 끌채 끝이 없으면 무엇을 가지고 갈 수 있겠는가?"

《논어》〈위정爲政 제22장〉

11) 중용中庸

중니仲尼는 말씀하셨다. "군자는 중용을 하고 소인은 중용을 거꾸로 한다. 군자가 중용을 하는 것은 군자다우면서 때에 알맞게 하고 소인이 중용을 거꾸로 하는 것은 소인스러우면서 꺼리는 것이 없기 때문이다." 《중용》〈제2장〉

공자께서 말씀하셨다. "중용中庸은 지극한 진리다. 백성들 중에는 오래 할 수 있는 자가 드물다." 《중용》〈제3장〉

공자께서 말씀하셨다. "도가 행하여지지 않는 이유를 내 알겠다. 지혜로운 자는 지나치고 어리석은 자는 미치지 못하기 때문이다. 도가 밝아지지 않는 이유를 내가 알겠다. 어진 자는 지나치고 못난 자는 미치지 못하기 때문이다. 사람은 마시고 먹지 않는 이가 없지만 맛을 아는 이는 드물다." 《중용》〈제4장〉

공자께서 말씀하셨다. "사람들은 다 '나는 지혜롭다.'고 말하지만, 그들을 몰아서 그물이나 덫이나 함정에 넣어도 피할 줄을 알지 못하며, 사람들은 다 '나는 지혜롭다.'고 말하지만 중용을 골라서 한 달도 지킬 수 없다." 《중용》〈제7장〉

공자께서 말씀하셨다. "안회顔回의 사람됨은 중용을 골라서 실천하는 것이니, 하나의 착한 것이라도 얻으면 받들어 가슴에 새겨서 잃어버리지 않는다." 《중용》〈제8장〉

공자께서 말씀하셨다. "천하나 국가도 고르게 할 수 있으며, 벼슬이나 녹도 사양할 수 있으며, 시퍼런 칼날도 디딜 수 있으나 중용은 할 수가 없다." 《중용》〈제9장〉

요堯임금이 말씀하셨다. "아! 너 순舜아, 하늘의 역수曆數가 너의 몸에 있으니 진실로 그 중용을 붙들어라. 사해四海가 곤궁하면 천록天祿이 영원히 끊어질 것이다." 순임금 또한 이 말씀으로써 우禹임금에게 명하셨다. 《논어》〈요왈堯曰 제1장〉

공자께서 말씀하셨다.
"이단異端만을 오로지 공부하면 해가 될 뿐이다."

《논어》〈위정 제16장〉

12) 권도權道

공자께서 말씀하셨다. "함께 배울 수는 있어도 함께 도에 나아갈 수는 없으며, 함께 도에 나아갈 수는 있어도 함께 터득할 수는 없으며, 함께 터득할 수는 있어도 함께 권도權道를 행할 수는 없다."

《논어》〈자한子罕 제29장〉

순우곤淳于髡이 "남자와 여자가 물건을 주고받는 것을 직접 하지 않는 것이 예입니까?" 하고 묻자, 맹자께서 말씀하셨다. "예이다." "제수弟嫂가 물에 빠지면 손으로 끌어냅니까?" "제수가 물에 빠졌는데도 끌어내지 않는다면 승냥이나 이리이다. 남자와 여자가 물건을 주고받는 것을 직접 하지 않는 것은 예이고, 제수가 물에 빠지면 끌어내는 것은 권權이다." "지금 천하가 〈혼란에〉 빠졌는데, 선생께서 끌어내지 않으심은 무엇 때문입니까?" "천하가 〈혼란에〉

빠지면 도로써 끌어내고 제수가 물에 빠지면 손으로 끌어내는 것이니, 자네는 손으로 천하를 끌어내려 하는가?"

《맹자》〈이루장구離婁章句 상 제17장〉

2. 이상적 삶

유교에서 제시하는 이상적 삶은 학문學問을 완성하고 천명天命을 알아서 천명을 따르고 실천하는 것이다. 천명을 알면 천명을 중심으로 판단하게 되므로 남과 내가 하나가 된다. 남과 내가 하나가 되면 남을 나처럼 여기고 남을 나처럼 사랑하게 된다. 이렇게 되는 마음의 상태가 인仁이다. 인을 실천하면 남에게 고통이 있는 것이 나의 고통으로 느껴지기 때문에 남을 구제하는 일을 하지 않을 수 없게 된다.

자기의 인격을 완성하고 그런 다음 남의 인격을 완성하여 모든 사람이 인격을 완성함으로써 모두가 한마음으로 살아가는 세상을 만드는 것이 이상적 삶이다. 이것이 《대학》의 명명덕明明德, 친민親民, 지어지선止於至善이다.

대저 대인大人은 천지와 그 덕을 합하고 일월日月과 그 밝음을 합하며 사시四時와 그 순서를 합하고 귀신과 그 길흉을 합한다. 하늘보다 먼저 하더라도 하늘이 그를 어기지 아니하며 하늘보다 늦게 할 경우에는 하늘이 운행하는 상황을 받든다. 하늘도 어기지 아니하는데 하물며 사람에 있어서랴. 하물며 귀신에 있어서랴."

《주역》〈건괘 문언전文言傳〉

공자께서 말씀하셨다. "나는 열다섯에 학문에 뜻을 두었고, 서른 살에 예禮를 실천할 수 있게 되었으며, 마흔 살에 유혹을 받지 아니하였고, 쉰 살에 천명天命을 알았고, 예순 살에 천명이 귀에 술술 들렸고, 일흔 살에 마음이 하고자 하는 바를 따라도 법도를 넘지 않았다."

《논어》〈위정爲政 제4장〉

현자賢者의 행동은 중정中正을 벗어나지 않는다. 남과 사귀어 친근하지만 공경하고 두려워하며 서로 사랑한다. 비록 사랑해도 그 악한 것을 알고, 미워해도 그 선한 것을 안다. 언제나 절약하고 검소해서 재물을 축적하며 능히 이를 흩어 남을 구제한다. 마음은 언제나 편안할 곳에 편안하고, 의를 보면 실천하며, 선을 보면 능히 따른다. 재물에 임해서는 구차하게 얻으려 하지 않고, 환난에 임해서는 구차하게 모면하려 하지 않는다. 남과 다투어서 이기기를 구하지 않고, 물건을 나누는 데 있어 많이 얻기를 구하지 않으며, 의심나는 일에 무리한 억측으로 자기 의견을 내세워서 이를 성립시키려 하지 않는다. 또한 의심나는 일의 질문을 받았을 때는 이를 바로잡아 준다.

《예기》〈곡례曲禮 상〉

공자께서 말씀하셨다. "맹지반孟之反은 자랑하지 아니하는 사람이구나. 달아날 때 군대의 후미에 위치하였는데 문에 들어올 즈음에 그 말에 채찍질하면서 말하기를 '감히 뒤에 처지려 한 것이 아니라 말이 나아가지 않았기 때문이다.'라고 하였다."

《논어》〈옹야雍也 제13장〉

자로子路·증석曾晳·염유冉有·공서화公西華가 공자를 모시고 앉았었는데 공자께서 말씀하셨다. "나는 너희들보다 다소 나이가 많지만, 나를 어렵게 생각하지 말라. 평소에 너희들이 '나를 알아주지 아니한다.'고 하는데 만약 혹시라도 너희들을 알아준다면 어찌하겠느냐?"

자로가 경솔하게 대답하였다. "천승千乘의 나라가 대국 사이에 끼어 있어서 전쟁이 다가오고, 인하여 기근이 들더라도 제가 다스리면 3년쯤에 백성들을 용맹하게 하고 방향을 알도록 하겠습니다." 공자께서 피식 웃으셨다.

"구求야, 너는 어떠하냐?" 〈염유가〉 대답하여 말하였다. "사방 6, 70리 혹은 5, 60리에서 제가 다스리면 3년쯤에 백성들을 풍족하게 할 수 있거니와 예악禮樂은 군자를 기다리겠습니다."

"적赤아 너는 어떠하냐?" 〈공서화公西華가〉 대답하여 말하였다. "제가 능하다고 말하는 것이 아니라 배우기를 원합니다. 종묘宗廟의 일과 혹은 제후들이 회동할 때에 현단복玄端服을 입고 장보관章甫冠을 쓰는 작은 집례자가 되기를 원합니다."

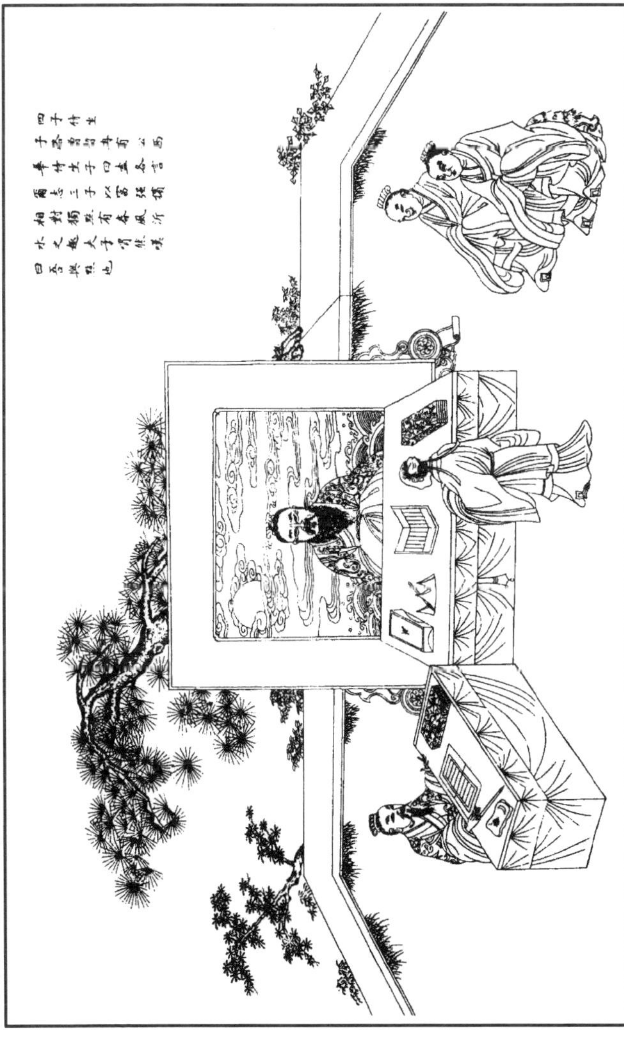

공자를 모시고 앉은 자로, 증석, 염유, 공서화

“점點아 너는 어떠하냐?” 〈증석이〉 비파를 타는 것을 드문드문 하더니 쨍그랑하고 비파를 놓으며 일어나 대답하였다. “세 제자들이 이야기한 것과 다릅니다.” 공자께서 말씀하셨다. “무엇이 문제이겠는가? 또한 각기 자기의 뜻을 말한 것이다.” “늦봄에 봄옷이 만들어지면 갓을 쓴 사람 5, 6명과 동자 6, 7명과 기수沂水에서 목욕하고 무우舞雩에서 바람 쐬고 노래하면서 돌아오겠습니다.” 공자께서 아! 하고 감탄하시며 말씀하셨다. “나는 점과 같이하겠다.” 세 제자가 나가자 증석이 뒤에 남았다가 말하였다. “저 세 제자의 말이 어떠합니까?”

공자께서 말씀하셨다. “또한 각각 자기의 뜻을 말했을 뿐이다.” “선생님께서는 무엇 때문에 유由(자로)를 비웃으셨습니까?” “나라를 다스리는 것은 예로써 해야 하는데 그의 말은 겸손하지 않았다. 그러므로 비웃은 것이다.”

“오직 구求의 경우에 있어서는 나라를 다스리는 것이 아닙니까?” “사방 6, 70리 또는 5, 60리가 되고서 나라가 아닌 것을 어디서 보겠느냐”

“적赤의 경우에 있어서는 나라를 다스리는 일이 아닙니까?” “종묘의 일과 회동하는 일이 제후의 일이 아니고 무엇이겠느냐? 적의 일이 작은 것이라고 한다면 누구의 일이 큰 것이라고 할 수 있겠느냐?”

《논어》〈선진先進 제25장〉

군자의 도는 자신의 몸에서 근본을 삼고 여러 백성들에게 징험

하는 것이니, 이는 삼왕三王에게서 상고하여 보아도 그릇되지 아니하고, 천지에 세워보아도 어긋나지 않으며, 귀신에게 물어보아도 의심스러움이 없으며, 백세를 지나 성인을 기다려서 따져보아도 의혹스럽지 아니한 것이다. 귀신에게 물어보아도 의심스러움이 없는 것은 하늘을 아는 것이고, 백세를 지나 성인을 기다려서 따져보아도 의혹스럽지 아니한 것은 사람을 아는 것이다.

이 때문에 군자는 움직이면 대대로 천하의 도리가 되는 것이니, 행하면 대대로 천하의 법도가 되고, 말하면 대대로 천하의 준칙이 된다. 멀리 있으면 우러러봄이 있고, 가까이 있으면 싫어하지 않는다. 《시경》에 이르기를 "저기에 있어도 미워하는 사람이 없으며, 여기에 있어도 싫어하는 사람이 없다. 거의 일찍 일어나고 밤늦게 자서 명예롭게 길이 마친다."라고 했다. 군자가 이와 같이 하지 않고서 일찍이 명예로움을 천하에 갖게 된 자는 있지 아니하다.

《중용》〈제29장〉

군자는 자기가 처한 상황에 알맞게 행하고, 그 밖의 것은 원하지 않는다. 부귀에 처하여서는 부귀를 행하며, 빈천에 처하여서는 빈천을 행하며, 이적夷狄에 처하여서는 이적을 행하며, 환난에 처하여서는 환난을 행하니, 군자는 어디를 들어가나 자득自得하지 아니함이 없다.

윗자리에 있을 때는 아랫사람을 업신여기지 아니하고 아랫자리에 있을 때는 윗사람에게 매달리지 아니하며 자기를 바르게 하고 남에게서 구하지 아니하면 원망할 것이 없다. 위로는 하늘을 원망하지 아니하고 아래로는 남을 탓하지 아니한다.

그러므로 군자는 쉬운 데 처하여 명을 기다리고 소인은 위험한 짓을 행하여 요행을 바란다. 공자는 '활쏘기는 군자와 비슷함이 있으니 정곡正鵠을 맞히지 못하면 돌이켜 자기의 몸에서 원인을 찾는다.'고 하였다. 《중용》 〈제14장〉

공자께서는 네 가지 마음을 단절하셨으니, 사사로운 의견이 없으셨으며, 반드시 해야 된다는 마음이 없으셨으며, 집착함이 없으셨으며, 이기심이 없으셨다. 《논어》 〈자한子罕 제4장〉

공자께서 말씀하셨다.

"어질도다. 회回여. 한 그릇의 밥과 한 표주박의 물로 누추한 골목에 살아도 남들은 그런 괴로움을 견디지 못하건만, 회는 그 즐거움을 바꾸지 않으니, 어질도다. 회여." 《논어》 〈옹야雍也 제9장〉

제8장

사회윤리와 이상적 사회

충성스러운 열사烈士 신라新羅의 박제상朴堤上

유교에서 말하는 천명天命은 남과 내가 하나가 되는 공통적 기반이므로 천명의 실천을 근간으로 전개되는 유교의 실천 원리는 남과 나의 하나 됨을 이루는 방향으로 전개된다. 그리하여 남을 나의 연장으로 이해하고 사회를 가정의 연장으로 만드는 것이 유교적 사회윤리의 핵심이며, 사회윤리의 대표적인 것이 오륜五倫이다.

오륜이 다 지켜져서 모든 사람이 한마음 한뜻이 되어 온 사회와 온 나라가 한 가정처럼 되는 것이 유교에서 말하는 이상사회이다. 이를 유교에서는 대동사회大同社會라고 한다.

1. 사회윤리

유교의 사회윤리는 오륜五倫으로 대표되는데 인간사회에서 맺어질 수 있는 모든 인간관계를 유형별로 분류하고 각 유형에서 나타나는 인간관계에서 서로 하나가 될 수 있는 원리를 찾아낸 것이 오륜이다.

부자간의 윤리는 부모와 자녀가 남남이 아니라 서로 하나인 관계에 있으므로 이 하나인 관계를 원만히 끝까지 유지하는 원리가 부자유친父子有親이다.

그리고 군신유의君臣有義는 임금과 신하, 또는 윗사람과 아랫사람이 서로의 관계를 원만하게 유지하기 위한 윤리이다. 임금과 신하의 사이에 의로움이 있다고 함은 임금은 원래부터 임금이 아니고 신하는 원래부터 신하가 아니라 공통의 목적을 가지고 임시로 설정한 관계이기 때문에 공통의 목적을 저버리는 임금은 임금이 아니고 신하는 신하가 아니라는 논리가 전제되어 있다. 다시 말하면 임금은 나라를 편안하게 해야 하는 공통의 목적을 달성하기 위해서 인민人民들에 의해서 추대된 임시직이기 때문에 임금이 그 목적을 무시하고 오히려 인민을 못살게 하면 신하는 그 임금을 축출해야 하는 책임을 갖는다. 이러한 논리가 군신 사이에 전제되어 있는 것이 군신유의이다.

부부가 언제까지나 하나인 관계를 유지하기 위한 윤리가 부부유별夫婦有別이고, 장유 사이에 남남이 아닌 관계를 유지하는 윤리가 장유유서長幼有序이며, 붕우 사이에 하나인 관계를 오래 유지하는 윤리가 붕우유신朋友有信이다.

후직后稷

맹자께서 말씀하셨다. "후직后稷이 백성들에게 곡식을 심고 거두는 일을 가르쳐서 오곡五穀을 심고 기르게 하니, 오곡이 익고 백성이 길러졌다. 사람은 도를 가지고 있어야 하는데, 먹는 것을 배불리 하고 입는 것을 따뜻하게 하여 편안히 거처하고 가르침이 없으면 금수에 가까워지므로 성인이 이를 근심함이 있어서 설契로 하여금 사도司徒로 삼아 인륜人倫을 가르쳤으니, 부모와 자녀 사이에는 친함이 있고, 임금과 신하 사이에는 의로움이 있으며, 부부간에는 구별함이 있고, 연장자와 연소자 사이에는 차례가 있으며, 친구 사이에는 믿음이 있다."

설契

《맹자》〈등문공장구 상 제4장〉

1) 부자유친父子有親

아들이 부모를 섬길 때에는 닭이 처음 울면 모두 세수하고, 양치질하고, 머리를 빗고, 검은 비단으로 머리털을 싸매고, 비녀 꽂고, 비단으로 머리를 묶어서 상투를 장식하고, 다팔머리 위의 먼지를 털고, 갓을 쓰고 갓끈을 드리우고, 현단복玄端服을 입고, 슬갑膝甲을 착용하고, 큰 띠를 띠고, 홀笏을 꽂고, 왼쪽과 오른쪽에 쓸 물건들을 차고, 행전行纏을 치고, 신을 신고, 신의 끈을 맨다.

며느리가 시부모를 섬기는 것도 친정 부모를 섬기는 것과 같이 하여, 닭이 처음 울면 모두 세수하고, 양치질하고, 머리 빗고, 검은

현단복玄端服

비단으로 머리를 싸서 쪽찌고, 비녀 꽂고, 비단으로 머리를 묶어 쪽을 장식하고, 옷 입고 큰 띠를 띠고, 왼쪽과 오른쪽에 쓸 물건들을 차고, 향이 든 주머니를 차고, 신을 신고, 신의 끈을 맨다.

이와 같이 하고서 부모와 시부모가 계신 곳으로 아침 문안을 드리러 간다. 그곳에 이르면 숨소리를 낮추고 말소리를 부드럽게 하면서 입으신 옷의 덥고 찬 정도를 묻는다. 만일 아파하시거나 가려워하시면 조심하여 짚어보며 긁어드린다. 출입하시게 되면 앞에 서기도 하고 뒤에 서기도 하며 삼가 부축해드린다.

세숫물을 드릴 때에는 어린 자는 대야를 받들고 나이 많은 자는 물을 받들어서 부어 씻으시기를 청한다. 씻고 나면 수건을 드린다.

잡숫고 싶은 것을 물어서 공손히 드리되 얼굴빛을 부드럽게 하면서 뜻을 즐겁게 하여 부모나 시부모가 반드시 맛보신 뒤에야 물러나온다.

남녀로서 아직 갓을 쓰지 않고 비녀를 꽂지 않은 자는 닭이 처음 울면 모두 세수하고, 양치질하고, 머리 빗고, 검은 비단으로 머리를 싸매고, 다팔머리 위의 먼지를 털고, 머리털을 묶어서 뿔 모양을 만들고, 향낭香囊을 매고, 향기 나는 물건을 찬다. 먼동이 틀 때 아침 문안을 드린다. "무엇을 잡수셨습니까?" 하고 여쭈어서 이미 잡수셨으면 물러나오고, 아직 잡숫지 않으셨으면 어른들을 도와서 잡수실 음식 준비를 보살펴야 할 것이다.

모든 안과 밖의 사람들은 닭이 처음 울면 모두 양치질하고, 세수하고, 옷 입고 베개와 잠자리를 걷는다. 방과 마루와 뜰을 청소하고 자리를 펴놓는다. 그러고 나서 각기 자기 일에 종사한다.

부모나 시부모가 일어나 앉으려고 하시면 깔고 앉을 자리를 받들어 들고 "어느 쪽을 향하여 자리를 깔까요?" 하고 묻는다. 장차 누우려고 하시면 나이 많은 자는 깔고 누울 자리를 받들어 들고 "발은 어느 쪽에 두실 건가요?" 하고 물으며, 나이 적은 자는 침상을 받들고 옆에 모시고 앉는다. 일어나시면 모시는 자는 안석安席을 들고 자리와 대자리를 거둔다. 이불을 묶어서 달고, 베개는 상자에 넣으며, 대자리는 걷어서 싸둔다.

부모나 시부모의 옷과 이불과 대자리와 베개와 안석은 일정한 곳에 두어서 함부로 옮기지 않으며, 지팡이와 신은 소중하게 간수하여 감히 몸에 가까이하지 않는다. 여러 종류의 그릇은 부모가 먹다 남은 음식을 먹을 때가 아니면 감히 쓰지 못하며, 부모가 늘 잡수시는 음식은 먹다 남은 것이 아니면 감히 먹지 못한다.

부모나 시부모가 계신 곳에서, 명령하시는 일이 있으면 빨리 응하고 나서 공손히 대답하는 말씀을 드린다. 앞으로 나아가서 뒤로 물러서며, 이리저리로 돌아가는 동작을 삼가고 조심하며, 마루에 오르고 내리며, 방에 들어서고 나갈 때에는 몸을 굽히고 펴는 것을 법도에 맞도록 해야 한다. 감히 구역질·트림·재채기·기침을 하지 못하며, 하품하고, 기지개 켜고, 한쪽 발로 비스듬히 서서 다른 물체에 몸을 의지하거나 곁눈질하여 보지 못하며, 감히 가래침을 뱉고, 콧물을 흘리지 못한다.

추워도 감히 옷을 껴입지 못하고, 가려워도 감히 긁지 못하며, 공경히 할 일이 있지 않으면 감히 상의上衣를 벗어 매어 팔을 드러내지 못하며, 물을 건널 때가 아니면 옷을 걷어 올리지 못하며, 속옷과 이불은 안을 드러내 보이지 않는다.

부모의 가래침과 콧물을 남에게 보이지 않으며, 갓과 띠에 때가 묻었으면 잿물을 타서 씻기를 청하고, 옷에 때가 묻었으면 잿물을 타서 빨기를 청하며, 옷이 터졌거나 찢어졌으면 바늘에 실을 꿰어 깁기를 청한다.

연소한 사람이 연장자를 섬기는 것이나 신분이 천한 사람이 존귀한 사람을 섬기는 것이 모두 이 예절에 따라야 한다.

《소학》〈명륜明倫 제1장~제4장〉

《의례儀禮》〈사상견례士相見禮〉에 말하기를, "대체로 대인大人과 말할 때에는 처음에는 얼굴을 보고, 다음에는 가슴을 보고, 끝에 가서 다시 얼굴을 보며 변동함이 없어야 하니, 이 자리에 함께 있는 사람들은 모두 이같이 해야 한다.

만약 아버지라면 눈을 이리저리 돌려서 볼 수 있으나 얼굴보다 위를 보지 말며, 띠보다 아래를 보지 말아야 한다.

만약 말씀하지 않으시거든, 서서 계시면 그 발을 보고, 앉아 계시면 그 무릎을 보아야 한다." 하였다. 《소학》〈명륜 제14장〉

증자曾子가 말하기를, "효자의 부모를 섬김은 그 마음을 기쁘게 하며, 그 뜻을 어기지 않으며, 그 듣고 보는 것을 즐겁게 하며, 그 잠자리와 거처를 편안케 해드리며, 또 음식으로 성의껏 봉양해야 한다.

이런 까닭에 부모가 사랑하시던 것을 사랑하고 부모가 공경하시던 이를 공경한다. 개와 말에 이르기까지도 모두 이와 같이 하거늘 하물며 사람에 있어서랴." 하였다. 《소학》〈명륜 제18장〉

효자가 부모를 섬기는 도리는 평시에는 공경함을 극진히 하고, 봉양할 때에는 즐거워함을 극진히 하며, 병이 드시면 근심함을 극진히 하며, 상사喪事에는 슬퍼함을 극진히 하며, 제사 지낼 때에는 엄숙함을 극진히 해야 한다. 이 다섯 가지가 갖추어진 뒤에야 능히 어버이를 섬긴다고 말할 수 있다.

부모를 섬기는 자는 남의 위에 있어도 교만하지 않으며, 남의 아랫사람이 되어서도 패란悖亂한 행동을 하지 않으며, 동류同類 사이에 다투지 않는다. 남의 위에 있으면서 교만하면 망하고, 남의 아랫사람이 되어서 패란한 행동을 하면 형벌이 몸에 이르며, 동류 사이에서 싸우면 칼부림을 하게 된다. 이 세 가지를 없애지 않는다면 비록 하루에 세 가지 희생을 가지고 봉양한다 하더라도 불효가 된다.

《소학》〈명륜 제36장〉

맹자가 말씀하시기를, "세속에서 말하는 불효不孝에 다섯 가지가 있다. 사지四肢를 게을리하여 부모의 봉양奉養을 돌보지 않는 것이 첫째 불효다. 장기와 바둑을 두고 술 마시기를 좋아하여 부모의 봉양을 돌보지 않는 것이 둘째 불효다. 재물을 좋아하고 남 몰래 처자를 잘 기르면서 부모의 봉양을 돌보지 않는 것이 셋째 불효다. 귀로 듣고 싶고 눈으로 보고 싶은 욕망에 방종하여 부모에게 치욕이 돌아가게 하는 것이 넷째 불효다. 용맹을 좋아하여 남과 싸우고 포악하여 부모를 위태롭게 만드는 것이 다섯째 불효다." 하셨다.

《소학》〈명륜 제37장〉

공자께서 말씀하셨다. "다섯 가지 형벌에 속하는 것이 삼천 가지가 있다. 그러나 불효보다도 더 큰 죄는 없다."

《소학》〈명륜 제39장〉

공손추公孫丑가 말하였다. "군자가 〈직접〉 아들을 가르치지 않는 것은 무엇 때문입니까?"

맹자께서 말씀하셨다. "모양새가 좋지 않기 때문이다. 가르치는 자는 반드시 바른 도리를 가지고 가르치는 것인데, 바른 도리를 가지고 가르쳤는데도 그 도리가 행해지지 아니하면 성을 내는 것으로 이어진다. 성을 내는 것으로 이어지면 도리어 자식을 사랑하는 마음이 손상된다. 자식이 부모에 대해서도 '선생님 – 여기서의 선생님은 아버지에 해당함 – 께서는 나에게 바른 도리를 가르치시지만, 선생님께서도 바른 도리를 실천하지 못한다.'고 여기게 되면 아버지와 아들은 마음이 서로 손상된다. 아버지와 아들의 마음이 서로 손상되면 나쁜 것이다. 옛날에는 아들을 바꾸어서 가르쳤었다. 부자간에는 착해지도록 요구하지 아니하는 것이니, 착해지도록 요구하면 정이 떨어지게 된다. 정이 떨어지면 좋지 않은 것이 이보다 더 큰 것이 없다."

《맹자》〈이루장구 상 제18장〉

2) 군신유의君臣有義

《논어》에 말하기를, "〈공자께서는〉 임금이 음식을 내려주면 반드시 자리를 바르게 하고 앉아서 먼저 맛보았으며, 임금이 날고기를 내려주면 반드시 익혀서 조상의 사당에 바쳤으며, 임금이 산 것을 내려주면 반드시 길렀다." 하였다.

《소학》〈명륜 제47장〉

공자께서 말씀하셨다. "군자는 임금을 섬기되 나아가서는 충성을 다할 것을 생각하고, 물러 나와서는 임금의 허물을 보충할 것을 생각한다. 임금의 착한 것은 받들어 따르고 그 악한 것은 바로잡아 구제한다. 그렇기 때문에 임금과 신하가 서로 친애할 수 있다."

《소학》〈명륜 제52장〉

임금은 예의禮義로 신하를 부리고, 신하는 충성忠誠으로 임금을 섬겨야 한다. 《소학》〈명륜 제53장〉

3) 부부유별夫婦有別

《예기》에 말하기를, "혼례婚禮는 자손만대의 시작이다. 타성他姓에서 아내를 맞는 것은 소원한 관계를 결합시키고 혈연관계의 구별을 엄격하게 하기 위한 것이다. 폐백은 반드시 정성스럽게 하며, 말을 후하지 않음이 없게 함은 곧음과 믿음으로 고함이다. 한번 혼례를 치르면 몸을 마칠 때까지 바꾸지 않는다. 그러므로 남편이 죽어도 시집가지 않는다. 남자가 아내를 맞이하여 여자보다 먼저 행동하는 것은 강强이 유柔보다 먼저 움직이는 도리이니, 하늘이 땅보다 먼저 움직이며, 임금이 창도唱道하여 신하가 거기에 따르는 것과 같은 뜻이다.

폐백幣帛을 잡고서 서로 만나봄은 공경하여 분별을 밝히는 것이니 남녀의 분별이 있은 뒤에야 부자가 친애할 수 있고, 부자가 친애한 뒤에야 사람이 마땅히 지켜야 할 도리를 알게 된다. 사람이 지켜야 할 도리를 알게 된 뒤에야 예가 있게 된다. 예가 있은 뒤에야 질서가 바로잡혀서 만물이 안정하게 된다. 남녀의 분별이 없고, 마땅히 지켜야 할 도리가 없다면 그것은 바로 금수禽獸의 길이다." 하였다. 《소학》〈명륜 제62장〉

구계臼季가 사신이 되어 기冀라는 곳을 지나가고 있었다. 극결郤缺이

손님처럼 서로 공경하는 극결郤缺과 아내

밭에서 김을 매고 있는데, 그 아내가 점심을 가지고 와서 먹이면서 공경하기를 서로 손님 사이처럼 하는 것을 보고, 극결을 데리고 돌아가서 진晉나라 문공文公에게 말하기를, "공경한다는 것은 덕이 모인 것이니, 능히 공경한다면 반드시 덕이 있습니다. 덕으로 백성을 다스리는 것이니, 등용하시기를 청합니다. 신이 들으니 문을 나와서는 손님을 대하듯이 공경하고, 일을 받들기를 제사 모시는 것같이 하는 것이 인仁의 법칙이라고 합니다." 하였다. 문공이 극결을 하군대부下軍大夫에 임명했다. 《소학》〈계고稽古 제27장〉

4) 장유유서長幼有序

천천히 걸어서 어른의 뒤에 가는 것을 공손하다 하고, 빨리 걸어서 어른의 앞에 가는 것을 공손치 않다고 한다.

《소학》〈명륜 제70장〉

나이가 갑절 많으면 아버지처럼 섬기고, 10년이 위라면 형처럼 섬기며, 5년 위라면 어깨를 나란히 하여 걷되 조금 뒤떨어져 따라간다. 《소학》〈명륜 제72장〉

선생을 수행할 때에는 길을 건너서 다른 사람과 말하지 않는다. 길에서 선생을 만나게 되면 빠른 걸음으로 앞으로 나아가 자세를 바르게 하고 서서 두 손을 앞으로 모아 잡는다. 선생이 말을 하면 대답을 하고 말을 하지 않으면 빠른 걸음으로 물러난다. 어른을

따라 언덕을 오를 때에는 반드시 시선은 어른이 보는 곳을 향해야 한다. 《소학》〈명륜 제74장〉

선생의 앞에 있는 자기의 자리로 나아가 앉으려고 할 때에는 얼굴에 부끄러워하며 불안한 빛을 짓지 말아야 하며, 두 손으로 하의를 들어 올려서 옷의 아랫단이 땅에서 한 자쯤 떨어지게 하되, 옷자락을 펄럭이지 말아야 하며, 발을 다급하게 옮겨놓지 말아야 한다. 선생의 서책·거문고·비파 등이 앞에 있으면 꿇어앉아서 옆으로 옮겨놓고 조심하여 타고 넘지 말아야 한다.

앉는 자세는 반드시 안정되게 하며, 얼굴빛을 바르게 하며, 어른이 말을 마치지 않았다면 그 말과 상관없는 다른 말을 꺼내서 어른의 말과 혼동시키지 말아야 한다.

강론講論할 때에는 용모를 바르게 하여, 반드시 공손하게 들어야 하며, 다른 사람의 말을 빌려서 내 말로 만들지 말아야 하며, 남의 말에 분별없이 찬동하는 일이 없어야 한다. 반드시 옛것을 법칙으로 하고, 선왕의 도를 논술해야 한다.

《소학》〈명륜 제77장〉

선생을 모시고 앉았을 때, 선생이 무엇을 물으면 말이 끝난 뒤에 대답한다. 수업을 청할 때에는 일어서서 하고, 설명을 더해주기를 청할 때에도 일어서서 한다. 《소학》〈명륜 제78장〉

어른을 모시고 함께 음식을 먹을 때에는 비록 성찬盛饌이라도 사양하지 않으며, 손님을 대접하는 자리에 배석하는 경우에도 사양하지 않는다. 《소학》〈명륜 제83장〉

5) 붕우유신朋友有信

증자曾子가 말하기를 "군자는 학문을 강론하는 일로 벗을 모으고, 벗의 선한 것을 본받아서 내 마음 공부에 도움이 되게 한다." 하였다. 《소학》〈명륜 제89장〉

공자께서 말씀하셨다. "벗 사이에는 간절하게 상대방의 허물을 충고하고 착한 도리로 권면해야 하며, 형제 사이에는 화목하고 즐겁게 지내야 한다." 《소학》〈명륜 제90장〉

맹자께서 말씀하셨다. "책선責善은 벗의 도리이다." 《소학》〈명륜 제91장〉

자공子貢이 벗을 대하는 도리를 물으니, 공자께서 말씀하셨다. "충고하여 선의 길로 인도하되, 듣지 않으면 그만두어서 자신을 욕되게 함이 없게 하라." 《소학》〈명륜 제92장〉

공자께서 말씀하셨다. "어느 나라에 살든 그 나라 대부大夫 가운데 현명한 이를 섬기고, 그 나라 선비 가운데 어진 이를 벗으로

삼아야 한다." 《소학》〈명륜 제93장〉

유익한 벗이 세 가지 있고, 해로운 벗이 세 가지 있다. 정직한 사람, 성실한 사람, 견문이 많은 사람을 벗으로 삼으면 유익하고, 겉치레만 잘하고 정직하지 못한 사람, 남에게 아첨을 잘하고 성실하지 못한 사람, 말만 잘하고 견문의 지혜가 없는 사람을 벗으로 삼으면 해롭다. 《소학》〈명륜 제94장〉

맹자께서 말씀하셨다. "벗을 사귈 때에는 내 나이 많은 것을 내세우지 말며, 내 몸이 존귀한 것을 내세우지 말며, 내 형제가 많은 것을 내세우지 말아야 한다. 벗한다는 것은 상대방의 덕성을 벗하는 것이니 자신의 남다른 것을 믿어서 우월감을 가져서는 안 된다." 《소학》〈명륜 제95장〉

2. 이상적 사회

유교에서 말하는 이상사회는 궁극적으로는 하늘의 뜻이 펼쳐진 사회를 말한다. 그런데 하늘의 뜻은 모든 사람이 한마음이 되는 것이고 만물이 일체가 되는 것이므로 이상사회는 이 세상에 사는 모든 존재가 한마음이 되어 크게 조화를 이루는 사회로 이해할 수 있다.

모두가 한마음이 되는 것은 모두 하늘의 뜻을 따르는 것이고 각각의 삶에 충실한 것이다. 그러므로 이상사회에서는 모든 존재자가 각각 자기의 역할을 함으로써 전체적으로 대조화를 이루게 된다. 이러한 사회를 '대동사회大同社會'라고도 하고, '지선至善한 사회'라고도 한다. 그리고 역사적으로는 요순시대와 우리나라의 세종世宗 시대를 말하기도 한다.

1) 제가齊家

고령古靈 진陳선생(진양陳襄)이 선거仙居 고을의 영令이 되었을 때, 그 고을의 백성을 가르쳐서 말하기를, "우리 고을의 백성 된 자는 아버지는 의롭고 어머니는 자애하며, 형은 우애하고 아우는 공손하며, 아들은 효도하고, 부부 사이에는 은정恩情이 있으며, 남녀의 분별이 있어야 한다. 자제子弟는 배움이 있고 마을에 예의가 있으며, 빈궁과 환난에 친척이 서로 구제하고, 혼인과 초상에 이웃이 서로 도와야 한다. 농업을 게을리하지 말며, 도적이 되지 말며, 도박을 배우지 말며, 쟁송爭訟을 좋아하지 말며, 악惡으로써 선善을 업신여기지 말며, 재력을 가지고 가난한 자를 병탄하는 일이 없어야 한다. 길 가는 사람은 길을 양보하고, 밭을 가는 사람은 밭 경계를 양보하며, 머리털이 반백인 자가 길에서 물건을 머리에 이고, 등에 지지 않는다면 예의의 풍속이 될 것이다." 하였다.

《소학》〈가언嘉言 제14장〉

2) 치국治國

맹자께서 양 혜왕梁惠王을 만나니, 왕이 말했다. "영감님께서 천리를 멀리 여기지 않고 오셨으니 또한 장차 우리나라를 이롭게 할 것이 있겠습니까?"

맹자께서 대답하셨다. "왕은 하필 이익을 말씀하십니까? 또한 인의仁義가 있을 뿐입니다. 왕께서 어떻게 하면 우리나라를 이롭게 할까 하시면, 대부들은 어떻게 하면 우리 집안을 이롭게 할까 하며, 사士·서인庶人들은 어떻게 하면 내 몸을 이롭게 할까 하여, 윗사람과 아랫사람이 서로 이익을 취한다면 나라가 위태로울 것입니다. 만승萬乘의 나라에 그 군주를 시해弑害하는 자는 반드시 천승을 가진 대부의 집안이요, 천승의 나라에 그 군주를 시해하는 자는 반드시 백승을 가진 대부의 집안이니, 만승에 천승을 취하며 천승에 백승을 취함이 많지 않은 것은 아니지만, 만일 의로움을 뒤로 하고 이로움을 먼저 하면, 빼앗지 않고는 만족하지 않습니다. 어질고서 그 어버이를 버리는 자는 있지 않으며 이로우면서 그 군주를 뒤로 하는 자는 있지 않습니다. 왕께서는 또한 인의를 말씀하실 따름이니, 하필 이익을 말씀하십니까?"

《맹자》〈양혜왕장구 상 제1장〉

나이 어리면서 부모 없는 자를 고孤라 하고, 늙었으면서 자녀 없는 자를 독獨이라 한다. 늙었으면서 아내가 없는 자를 긍矜이라 하고, 늙었으면서 남편이 없는 자를 과寡라 한다. 이 네 종류의 사람은 백성 중에서 가장 곤궁하여 호소할 데가 없는 자이다. 모두 임금한테서 상희常餼하는 은사를 받는다. 《예기》〈왕제王制〉

우虞나라와 예芮나라의 임금이 서로 논밭의 경계를 다투어서 오래도록 해결을 보지 못하므로, 서로 말하기를, "서백西伯은 어진 사람이다. 어찌 우리가 찾아가 물어서 일을 바로잡지 않으랴." 하고 함께 주周나라에 갔다.

그 국경에 들어가니, 밭을 가는 자는 밭이랑을 양보하고, 길을 가는 자는 길을 양보했다. 그 고을에 들어가니, 남녀가 길을 달리하고, 조정에 들어가니, 선비들은 대부大夫가 되기를 사양하고, 대부들은 경卿이 되기를 사양했다.

두 나라 임금이 감동하여 서로 말하기를, "우리들은 소인이니, 군자의 뜰을 밟을 수 없다." 하고, 서로 사양하여 그 다투던 논밭을 경작하지 않는 한전閑田으로 만들고 물러갔다. 천하에서 이 말을 듣고, 주나라에 귀속한 자가 40여 나라나 되었다.

《소학》〈계고 제33장〉

3) 평천하平天下

대도大道가 행해지던 시대에는 천하를 공공의 것으로 보았다. 따라서 어질고도 유능한 자를 가려서 신의를 강명講明하고 화목하도록 가르쳤다. 그러므로 사람들이 자기 어버이만을 친애하지 않고 다른 사람의 어버이에게까지 미치며, 자기 자식만을 자애하지 않고 다른 사람의 자식에게까지 미쳤다.

늙은이로 하여금 안락하게 자기의 수명을 마칠 수 있게 하고, 장년이 된 사람은 충분히 그 힘을 발휘할 수 있게 하고, 어린이는 건전하게 자라날 수 있고, 홀아비·과부·고아·홀로 된 늙은이 및 폐질자廢疾者도 모두 충분히 그 몸을 기를 수 있게 했다.

남자 중에 직분이 없는 자가 없고, 여자 중에 시집 안 가는 자가 없었다. 재화는 헛되이 낭비하는 것을 싫어하였지만 반드시 자기를 위해서 쓰지는 않았다. 힘은 자신에게서 나오지 않는 것을 싫어했고, 노력은 반드시 자신의 사리私利를 위해서만 쓰지는 않았다.

그러므로 간특한 모의가 닫혀서 일어나지 않았고 도절난적盜竊亂賊이 생기지 않았다. 그렇기 때문에 사람마다 대문을 잠그지 않고 편안하게 살 수 있었으니, 이것을 '대동大同의 세상'이라고 한다.

《예기》〈예운禮運〉

오늘날에는 대도大道가 행해지지 않아서 임금 된 자는 천하를 자기의 사유물로 만들었다. 사람들은 저마다 자기 어버이만을 친애하고 자기 자식만을 사랑할 뿐이며 재화를 사유私有하고 노력은 자기 한 몸만을 위하는 것뿐이었다.

대인大人은 자손에게 대대로 전하는 것을 나라의 예로 삼아, 성곽을 쌓고 못을 파서 나라의 방비를 튼튼히 했다. 예를 만들어서 나라의 기강을 삼아 군신 사이를 바르게 하고 부자 사이를 돈독하게 하고, 형제 사이를 돈목하게 하고, 부부 사이를 화합하게 했다.

제도를 만들고, 전리田里를 세우고, 용맹과 지혜를 숭상하고, 공업을 세우는 것도 자기만을 위해서 했다.

그러므로 모의謀議와 병혁兵革도 이것에 의해 일어났다. 이때에 우禹·탕湯·문文·무武·성왕成王·주공周公이 예의로써 세상을 교화해 뛰어난 업적을 이루었다. 이 여섯 군자로서 예를 삼가지 않은 자가 없었다. 예의를 닦아서 그 의리를 밝혀 믿음을 이루고 허물을 밝히고 인애仁愛의 길을 본받아, 겸양謙讓의 도리를 강명講明하여 백성에게 지켜야 할 상도常道가 있음을 보여주었다. 만일 이에 따르지 않는 자는 비록 왕자의 권세를 가진 자라 해도 백성에게 재앙을 끼치는 자라 하여 폐출했다. 이것을 '소강小康의 세상'이라고 한다. 《예기》〈예운〉

대악大樂은 천지와 그 조화를 함께하고 대례大禮는 천지와 그 절문節文을 함께한다. 화목하고 평이하기 때문에 백물百物이 그 본성을 잃지 않고, 절제된 행실이 있기 때문에 천지의 신을 제사하는 것이다. 명계明界에는 예가 있고, 유계幽界에는 귀신이 있다. 이와 같이 서로 도와 만물을 화성化成해서 사해四海의 안에서는 모두 공경하고 서로 사랑한다. 《예기》〈악기樂記〉

제9장

창시자

공자孔子

유교儒教는 공자 한 사람이 창시한 것이 아니다. 공자가 요堯·순舜·우禹·탕湯·문文·무武·주공周公의 사상을 계승하여 정리한 것이다. 그러므로 유교의 창시자는 요·순·우·탕·문·무·주공·공자로 이어지는 역대의 성인들이 다 포함되어야 한다.

주공周公은 성이 희姬요, 이름이 단旦이다. 문왕의 아들이고 무왕의 동생으로, 무왕이 죽자 어린 임금인 성왕成王을 도와 문물제도를 정비하고 나라의 기초를 닦았다.

공자孔子는 성이 공孔이고 이름이 구丘이다. 요·순·우·탕·문·무·주공의 사상을 계승하고 종합하여 하나의 체계로 집대성하여 유교를 완성하였다.

1. 요堯

고대 동아시아 지역을 통치하였던 성군이며 삼황오제三皇五帝의 한 사람이다. 처음에는 도陶 땅에, 나중에는 당唐에 봉해졌으므로 도당씨陶唐氏라고 하며, 성은 이기伊祁, 이름은 방훈放勳이다.

요堯

평양平陽에 도읍을 하였다. 재위 기간이 약 1백 년(기원전 2350년경~2250년경)이었다고 한다. 요堯란 글자는 원래 '높다', '풍요롭다' 등의 의미로서 도당씨의 말이 지극히 높기 때문에 그것으로 호를 삼았다는 설이 있고 도당씨의 시호諡號라는 설도 있다.

요의 통치이념의 핵심은 중中이다. 공자는 유교사상을 정리하면서 요를 모범으로 삼아 《서경》의 기술을 요에서부터 시작하였다. 이러한 의미에서 본다면 요는 유교의 창시자 중의 첫 번째 사람이다.

옛 요임금에 대하여 살펴보자. 이름은 방훈이라 하였다. 공손하고 총명하고 우아하고 신중하시어 온유함을 느끼게 하셨고 진실로 공손하고 사양하시어 빛을 온 세상에 펴시어 그 공이 하늘과 땅에 이르렀다. 큰 덕을 밝히시어 구족九族을 화목하게 하셨고 구족을 화목하게 하심으로써 백성을 밝게 다스리시고 백성을 밝게 다스림으로써 온 세상을 평화롭게 하셨다. 백성들은 이런 감화를 받아 화평을 누리게 되었던 것이다. 《서경》〈우서虞書 요전堯典〉

공자께서 말씀하셨다. "위대하도다. 요임금의 임금 노릇이여! 높고 크도다. 오직 하늘이 크거늘 오직 요임금만이 그것을 본받았으니 〈그 공덕이〉 넓고 넓어 백성들이 이름 붙일 수 없도다! 높고 높도다. 그 공을 이룬 모습이여! 찬란하도다. 그 환한 모습이여!"

《논어》〈태백泰伯 제19장〉

구족九族을 화목하게 하다

2. 순舜

순舜

순舜은 성이 요姚요, 이름이 중화重華이다. 유우씨有虞氏라고도 하고 우순虞舜이라고도 한다. 요로부터 제위를 선양받아 48년 동안 재위하였으며, 국호를 우虞라 하고 포판蒲阪에 도읍하였다. 순은 동이족이다. 순은 마음으로 감화시키는 정치를 하였다. 공자는 순의 정치를 함이 없는 정치, 즉 무위이치無爲而治라 하였다.

임금님께서 또 말씀하셨다. "기夔여! 그대를 전악典樂에 임명하니, 태자나 경대부들의 맏아들을 가르치어 곧되 온화하며, 너그럽되 위엄 있으며, 강하되 포학하지 않으며, 단순하되 오만하지 않게 해주시오. 시詩는 뜻을 읊은 것이고, 노래는 말을 길게 늘인 것이요, 소리는 가락을 따라야 되고 음률은 소리가 조화되어야 하오. 팔음八音을 조화시키어 서로 질서를 잃지 않게 하면 신과 사람들이 화합하게 될 것이오." 기夔가 말하였다. "오오! 제가 경磬을 치고

기夔를 전악典樂에 임명하다

두드리니 여러 짐승들도 다 같이 춤추더이다."

임금님께서 또 말씀하셨다. "용龍이여! 나는 참언讒言과 잔악한 행동이 나의 백성들을 놀라게 하는 것을 싫어하오. 그대를 납언納言에 임명하니 밤낮으로 나의 명을 알리고 보고하되 오직 믿음으로 하시오." 임금님이 말씀하셨다. "오! 그대들 스물두 사람은 공경하오. 오직 하늘의 일을 밝혀주시오."

삼 년마다 공적을 살피시고 세 번 공적을 살피시는 동안 일을 못한 자는 내치시고 어진 사람은 승진시키시니, 모든 일들이 다 잘 되어 가 삼묘족三苗族이 흩어져 달아나고 말았다. 순임금은 나신 지 삼십 년 만에 부름을 받아 쓰이시고, 삼십 년 동안 섭위攝位하셨으며, 오십 년 만에 순행巡幸을 하시다가 돌아가셨다.

《서경》〈우서 순전舜典〉

공자께서 말씀하셨다. "순은 크게 지혜로우신 분이시다. 순은 묻기를 좋아하시고 하찮은 말도 살피기 좋아하시되, 악을 숨기고 선을 드러내시며, 두 끝을 붙잡아 중中을 백성에게 쓰시니, 그 때문에 순이 된 것이로다."

《중용》〈제6장〉

공자께서 말씀하셨다. "위대하도다! 순임금과 우임금은 천하를 소유하시고도 그것에 의식하지 않으셨으니."

《논어》〈태백 제18장〉

용龍을 납언納言에 임명하다

3. 우禹

하夏왕조의 시조. 성은 사姒, 이름은 문명文命. 순에게 발탁되어 사공 벼슬을 하다가 백규百揆로 승진하여 백관을 통솔하는 재상이 되었다. 그리하여 기夔·설契·고요皐陶·수垂·익益 등과 함께 정사를 맡아보다가 마침내 순의 선양을 받았다.

우禹

그는 왕위에 오른 뒤 호를 하후씨夏后氏라 하고 안읍安邑에 도읍을 정하였으며 국호를 하夏라고 정했다. 그는 또 제帝라는 명칭을 폐지하고 왕이라는 명칭을 사용토록 하였다. 이로부터 하夏·은殷·주周 삼대는 모두 군주를 왕이라고 칭하게 되었다. 왕위에 오르자 그는 세제稅制를 정비하고 학교를 설립하여 인재를 양성하였다. 또 홍범구주洪範九疇라고 하는 통치철학의 체계를 수립하였다.

공자께서 말씀하셨다. "우임금은 내가 비난할 데가 없다. 음식은 간략하게 하면서도 귀신에게는 효도를 다하였고, 의복을 검소하게 입으면서도 불黻이나 면冕과 같은 제복에는 아름다움을 다했으며, 궁실을 낮게 하면서도 치수治水에 진력하였으니 우임금은 내가 비난할 데가 없다."

《논어》〈태백 제21장〉

우는 8년간 밖에서 지냈는데 자기 집 문 앞을 세 번 지나면서도 자기 집으로 들어가지 않았다.

《맹자》〈등문공 상 제4장〉

《하우치수도夏禹治水圖》
(명나라 구영仇英 그림)

4. 탕湯

은殷왕조의 시조. 성은 자子, 이름은 이履. 은탕殷湯·성탕成湯이라고도 한다. 하夏의 마지막 왕인 걸桀이 포학무도하여 제후들이 덕

걸왕을 남소南巢로 추방하다

망이 있는 그를 섬기게 되자, 군사를 이끌고 멸망시켰으며 걸왕을 남소南巢로 추방하였다. 즉위한 후 국호를 상商이라고 하였는데, 나중에 은殷으로 바뀌었다. 이윤伊尹을 등용하여 재상으로 삼고 요·순의 정치를 펴서 정치·교육·문물을 더욱 완비하였다.

탕湯

그는 "군주가 하늘의 명을 받아 즉위하는 것은 바로 민심民心을 따라 통치한다는 것이다. 따라서 백성을 사랑하는 자는 하늘을 따르는 것이며 백성을 학대하는 자는 하늘을 거역하는 것이다. 하늘을 따르는 자는 번창하고 거역하는 자는 망한다. 하늘을 거역하는 자는 백성이 그를 두변할 수 있으며 그는 지위를 감당할 수 없다."라고 하여, 진퇴進退의 도리와 상벌賞罰의 권한은 하늘에 있으며 백성들이 그 권한을 대신 행할 수 있다고 밝혔다. 이것은 후에 혁명의 논리가 되기도 하였다.

탕湯왕이 고하셨다. "오라. 너희 백성들이여. 모두 내 말을 들어라. 나 소자小子는 전란이라 하는 것을 감행하려는 것이 아니니라. 하나라가 죄를 많이 지어 하늘이 처벌토록 명령하셨노라.

하나라를 정벌하려 군사들에게 맹세하는 탕왕

지금 너희 백성들이여. 여러분들은 '우리 임금은 우리 백성들을 돌보지 않고, 농사일을 버려둔 채, 하나라를 쳐서 바로잡으려 한다.'라고 말할 것이다. 나는 오직 여러분들의 말을 듣고 싶으나, 하나라가 죄를 지었으니, 나는 하느님을 두려워하여 감히 그들을 바로잡지 않을 수 없노라. 지금 여러분은 아마도 '하나라의 죄는 어떤 것이오?' 하고 묻고 싶을 것이다. 하나라 임금은 백성들이 일하는 것을 모두 막았으며, 하나라의 마을들을 모두 망가뜨렸다. 그리하여 백성들은 모두가 나태하여 화합하지 못하고, '이 해는 언제 없어지려나. 내 너와 함께 죽겠노라.'고 말하고 있도다.

하나라의 하는 것이 이와 같으니, 지금 나는 반드시 가야 하노라. 여러분들은 아무쪼록 나 한 사람을 도와서 하늘의 벌을 이룰지어다. 나는 여러분에게 큰 선물을 주겠노라. 너희들은 불신하지 말라. 나는 식언食言하지 않노라. 여러분이 맹세하는 이 말을 따르지 않는다면 나는 너희들을 처자까지 죽여서 결코 용서하지 않을 것이다."

《서경》〈상서商書 탕서湯誓〉

"오오! 그대의 할아버지 탕임금께서는 엄숙하시고 정성스러우시며 넓으시고 깊으셔서 하늘이 돌보고 도우시니, 그 명을 크게 받으시어 백성들을 너그러움으로 어루만지시며, 그 간사하고 사나운 자를 제거하시니, 공이 당시의 사람들에게 입혀졌고, 덕이 후예들에게 드리워졌다."

《서경》〈주서周書 미자지명微子之命〉

5. 문왕文王

주周나라의 시조. 무왕의 아버지. 성은 희姬, 이름은 창昌. 은殷의 주왕紂王 때 서백西伯이 되어 인자하게 백성을 다스렸다. 뒤에 그의 아들 무왕이 은나라를 멸망시키고 왕위에 오르자 문왕이라 시호하였다.

문왕文王

태임太任은 문왕의 어머니다. 지摯나라 임씨의 둘째 딸이었는데, 왕계王季가 장가들어 부인으로 삼았다. 태임의 성품은 단정하고 한결같으며 정성스럽고 장중하여 오직 덕을 행했다. 문왕을 임신해서는 눈으로 사악한 빛을 보지 않고, 귀로 음란한 소리를 듣지 않고, 입에서는 오만한 말을 내지 않았다. 문왕을 낳자 총명하고 사물의 이치에 통달하여 태임이 하나를 가르치면 백을 알았다. 마침내 주나라의 으뜸 임금이 되었다. 군자가 말하기를, "태임이 능히 태교胎教를 했다." 하였다. 《소학》〈계고稽古 제1장〉

태임太任

문왕이 세자가 되었을 때, 아버지 왕계王季에게 문안드리는 것이 하루에 세 번이었다. 닭이 처음 울면 일어나서 의복을 정제하고 침문 밖에 이르러 내수內豎의 어자御者에게 묻기를, "부왕父王의 오늘 안부는 어떠신가?" 하여, 내수가 대답하기를, "안녕하십니다." 하면 문왕은 크게 기뻐했다. 한낮이 되면 또 그와 같이하고, 날이 저물면 또 그와 같이했다.

만일 부왕이 병이 있어 기거起居나 음식의 절도가 편안치 않을 때는 내수가 이것을 문왕에게 고하는데, 문왕은 근심하는 얼굴로 걸을 때 바르게 땅을 밟지 못하다가, 왕계가 병이 회복되어 기거 음식이 정상으로 돌아간 후에야 문왕도 정상 상태로 돌아갔다.

음식이 부왕에게 오를 때는 반드시 차고 더운 정도를 살펴서 적절하게 하고, 상을 물렸을 때는 하인에게 부왕의 식사를 든 정도를 물었다. 그리고 선재膳宰에게 명하기를, "먹다 남은 것을 다시 올리지 마라."고 하여서 그 응답을 들은 후에야 문왕은 물러나 왔다.

《예기》〈문왕세자文王世子〉

문왕文王이 무왕武王에게 말했다. "너는 무슨 꿈을 꾸었느냐?" 하니, 무왕이 대답하기를, "꿈에 천제께서 저에게 구령九齡을 주시었습니다."고 했다. 문왕이 말했다. "너는 그것을 무엇이라 판단하느냐?"고 하니, 무왕이 대답했다. "서방에 아홉 나라가 있는데 군왕께서 이 나라들을 복속시키게 될 길한 징조입니다." 했다. 이에 문왕이 말했다. "너의 판단은 잘못이다. 옛날에는 나이를 일컬어 영

齡이라고 했으며, 치아도 또한 영齡이다. 따라서 내게 100세의 수명을, 그리고 네게 90세의 수명을 주신 것이다. 그러므로 나는 네게 셋을 주겠다."고 했는데, 문왕은 97세에 임종하고 무왕은 93세에 임종했다. 《예기》 〈문왕세자〉

"오오! 우리 교양 있는 문왕께서는 해와 달이 비추어 임하는 것 같으셔서, 사방에 빛나시며 서쪽 땅에 환하시니, 오직 우리 주周나라는 많은 방면의 땅을 크게 받을 것이다. 내가 수受(주왕紂王)를 이기더라도 내가 씩씩하기 때문이 아니라 오직 우리 교양 있는 아버지께서 죄가 없으셨기 때문이며, 수가 나를 이기더라도 나의 교양 있는 아버지께서 죄가 있었기 때문이 아니라 오직 나 소자小子가 훌륭하지 못했기 때문이니라." 《서경》 〈주서 태서泰誓 하〉

저 위에 계시는 문왕文王이시여
하늘에서 찬란히 빛나는 도다.
주周나라는 오래된 나라이지만
그 기상이 자꾸만 새로워지네.
찬란하지 아니한가, 주나라의 덕
때맞지 아니한가, 하느님의 명
문왕께선 하늘을 오르내리며
언제나 하느님 곁에 계시네.

언제나 애쓰시는 문왕이시여
아름다운 소문이 끝나지 않네.
주나라에 많은 복 내려주셔서
문왕의 자손들이 누리고 있네.
문왕의 자손들이 이어받으니
본손本孫이여 지손支孫이여 영원하소서
주나라를 따르는 선비들까지
대대로 이어가며 빛이 나소서

대대로 드러나는 밝은 덕이여
그 계획 그 생각이 이루어지네.
슬기롭고 훌륭한 많은 인재들
자꾸자꾸 생겨나네, 이 왕국에서
왕국에서 인재들을 낳고 낳아서
오로지 주나라의 기둥 만드네.
씩씩한 이 인재들 계속 나오니,
문왕께서 이를 보면 든든하시리.

근엄하고 거룩하신 문왕이시여
아아, 계속 밝으시며 경건하시네.
참으로 위대할손 천명이시여.
상나라 자손에게 내리셨도다.

상나라의 자손들이 적지 않아서
그 수효가 수십만을 헤아리건만
하느님이 이렇게 명령하시니
모두가 주나라에 복종을 하네.

모두가 주나라에 복종을 하니
하느님의 명령은 일정치 않네.
은殷나라를 대표하는 큰 선비들이
주나라 서울에서 제사 일 돕네.
그렇게 제사 일을 돕고 있을 때
언제나 은나라 갓 쓰고 있구나.
충성스런 주나라의 신하 됐으니
그대들의 조상일랑 생각지 마오.

그대들의 조상일랑 생각지 말고
오로지 덕 닦기만 생각을 하세
영원히 하느님과 함께하여서
스스로 많은 복을 구할지어다.
은나라가 민심을 안 잃었을 땐
잘도 하느님 말 따랐었건만.
마땅히 은나라를 거울삼아라.
하느님 뜻 따르기란 쉽지 않으니.

하느님 뜻 따르기가 쉽지 않으니
그대의 몸에서 끝내면 안 돼.
명예로운 소문일랑 널리 펼치자
생각하자. 은의 멸망 하늘 뜻임을.
하느님은 이 세상을 사랑하지만
소리도 안 들리고 냄새도 없어
그러니 애오라지 문왕 본받자.
그래야 이 세상에 평화가 오지.

《시경》〈대아 문왕지십文王之什 문왕文王〉

공자께서 말씀하셨다. "근심이 없는 자는 오직 문왕일 것이다. 왕계王季를 아버지로 하고 무왕을 아들로 두어서 아버지가 왕업을 일으키고 아들이 그것을 계승하였다. 무왕이 태왕太王과 왕계王季와 문왕이 일으켜놓은 것을 계승하여 한번 군복을 입고 천하를 평정하였다. 그러나 몸은 천하의 훌륭한 이름을 잃지 않고 지위로서는 천자가 되었으며 부富로 말하면 사해四海의 안을 가졌다. 종묘宗廟에서 그를 제사 지냈고 자손들이 계속 보존하였다." 《중용》〈제18장〉

6. 무왕武王

고대 중국 주周왕조의 제2대 임금. 서주西周의 건립자. 성은 희

무왕武王

姬, 이름은 발發. 문왕 희창姬昌의 아들. 군주의 자리를 물려받은 뒤 은殷나라를 정복하였다. 그는 문왕과 함께 성왕으로 추앙되며, 그가 은나라를 친 군사 행동은 포악한 군주를 응징하고 시달리는 백성들을 위로하고 구제하기 위한 성전聖戰으로 일컬어진다. 이런 방식의 혁명을 역성혁명易姓革命이라 한다. 무왕의 혁명은 후대에 역성혁명을 정당화하는 모범적인 예로 인정받고 있다.

무왕武王은 문왕文王을 본받아 행하여 감히 그보다 넘치는 일이 없었다. 문왕이 병이 있을 때 무왕은 관대冠帶를 벗지 않고 간호했는데, 문왕이 한 번 식사하면 자신도 한 번 식사하고, 문왕이 두 번 식사하면 자신도 두 번 식사하여, 열이틀 만에 병이 나았다.

《예기》〈문왕세자文王世子〉

십삼 년 봄에 맹진孟津에서 크게 모였다. 무왕이 말씀하셨다. "오! 우리 우방 임금들과 나의 어사御事와 서사庶士들아! 나의 맹세하는 말을 분명히 들어라. 하늘과 땅은 만물의 부모요, 사람은 만물의

무왕이 맹진孟津에서 제후들과 크게 회동하다

영장이니, 진실로 총명한 자가 원후元后가 되고 원후가 백성의 부모가 된다.

지금 상商나라 임금 수受가 하늘에 불경하여 아래 백성들에게 재앙을 내리고 있다. 술에 빠지고 여색을 탐하며, 감히 포악하고 잔학한 행동을 하여, 사람들에게 벌을 줄 때 가족 단위로 주고, 사람들에게 대를 이어 벼슬을 주며, 집과 정자와 연못과 사치스런 옷을 만들어 너희 만백성들에게 해를 끼치며, 충성스럽고 어진 신하를 불태워 죽이고, 아이 밴 부인의 배를 가르니, 하느님이 진노하시어 우리 교양 있는 아버지께 명령하시어 엄숙하게 하늘의 위엄을 받들게 하셨는데, 큰 공업이 아직 이루어지지 않았다.

그리하여 나 소자 발發이 너희 우방 총군들을 거느리고 상나라에서 일어나는 정치를 살피니, 오직 수는 뉘우치는 마음이 없어 거만하게 거처하며, 하느님과 신들을 섬기지 않으며, 선조의 종묘를 버려서 제사 지내지 않으며, 제사에 쓰는 희생물이나 음식을 흉악한 도둑들에게 다 빼앗겼는데도, '나에게는 백성이 있고 천명이 있다.'고 하여 그 모욕적인 일을 응징하지도 않는다.

하늘이 하민을 도우시어 임금을 만들고 스승을 만드신 것은 오직 하느님을 잘 도와서 사방을 사랑하고 편안케 하도록 한 것이니, 죄가 있는 자를 처벌하는 것과 죄가 없는 자를 도와주는 일에서 내가 어찌 감히 그 뜻을 어기겠는가. 힘이 같으면 덕을 헤아리고 덕이 같으면 타당성 여부를 헤아리는 것이니, 수受는 신하 억만이 있으나 억만의 마음이 있거니와, 나에게는 신하 삼천이 있으나 오직 한마음뿐이다. 상나라의 죄가 빠진 곳 없이 꽉 찼으므로 하늘이 명하여 벌을 주시니, 내가 하늘을 따르지 않는다면 그 죄가 그와 같아질 것이다.

나 소자는 아침 일찍부터 밤늦게까지 공경하고 두려워하며 교양 있는 아버지께 명령을 받아 하느님에게 제사를 지내고, 큰 땅에도 제사를 지내서 너희 무리들을 거느리고 하늘의 벌을 이루려 하노라. 하늘이 백성들에게 사랑을 베푸시어 백성들이 바라는 것을 반드시 따르시니, 너희들은 부디 나 한 사람을 보필하여 길이 온 세상을 밝게 하라. 때가 왔으니 놓치지 말지어다."

《서경》〈주서 태서泰誓 상〉

때는 갑자일甲子日 이른 새벽에 무왕께서 처음으로 상商나라 도읍지 교외의 들판에 이르러 맹세하였다. 임금은 왼쪽에는 황금 도끼를 들고, 오른쪽에는 흰 깃발을 잡고 휘두르며 말했다. "멀리 왔도다. 서쪽 땅의 사람들이여!"

왕이 말했다. "오오! 나의 우방 총군들과 어사인 사도司徒, 사마司馬, 사공司空, 아亞, 여旅, 사씨師氏, 천부장千夫長, 백부장百夫長들 및 용庸, 촉蜀, 강羌, 모髳, 미微, 노盧, 팽彭, 복濮 사람들이여! 그대들의 창을 들고, 그대들의 방패를 나란히 하고, 그대들의 창을 세우라. 내 선서를 하겠다."

왕이 말했다. "옛사람들이 말하기를, '암탉은 새벽에 울지 않아야 한다. 암탉이 새벽에 울면 집안이 망한다.'고 했다. 지금 상나라

무왕이 상나라 도읍의 교외郊外에서 맹세하다

임금 수受는 오직 아녀자의 말만을 듣고 멍청하게 제사 지내는 일도 폐기하여 보답하지 않으며, 멍청하게도 남아 있는 사촌 동생들을 버려서 나아가지 못하게 하고, 오직 사방에서 죄가 많아 도망온 자들을 높이고 우대하며 믿고 부려서, 이들을 대부大夫와 경사卿士로 삼아 백성들에게 난폭하고 잔학하게 하여 상나라의 고을에 해악을 끼쳤다. 지금 나 발發은 공손하게 하늘의 벌주심을 대행하나니, 오늘의 일은 여섯 걸음이나 일곱 걸음을 지나지 않고 멈추어 정돈할 것이니, 그대들은 힘쓸지어다. 네 번 공격, 다섯 번 공격, 여섯 번 공격, 일곱 번 공격을 넘지 않고 멈추어 정돈할 것이니, 힘쓸지어다. 그대들이여! 부디 상나라 교외에서는 씩씩하고 씩씩하여 범 같고 비휴貔貅 같고 곰 같고 큰곰같이 하여, 오는 적을 맞이하지 말고 달려 나가 서쪽 땅을 위해 싸워라. 힘쓸지어다. 그대들이여! 그대들이 힘쓰지 않으면 그대들의 몸에 죽음이 있을 것이다.”

《서경》〈주서 목서牧書〉

7. 주공周公

중국 주周나라의 성인. 성은 희姬, 이름은 단旦. 주공은 그의 존칭이다. 주周 문왕의 아들이고 무왕의 동생이다. 무왕을 보필하여 주紂를 정벌하고 주실周室을 건립하였으며, 곡부曲阜에 봉해져서 노공魯公이 되었으나 나아가지 않고 주왕조를 도왔다.

무왕이 죽자 무왕의 뒤를 이어 즉위한 성왕成王을 도와 섭정을 하였으며, 제도制度와 예악禮樂을 만들고 관혼상제의 의례와 절차를 정하였다. 뛰어난 철학자이고 웅변가이며 군인이며 정치가였다. 아들 백금伯禽이 노魯나라의 시조가 되었다.

주공周公

상商나라를 이긴 뒤 이년째 되던 해에 무왕에게 병이 있어 즐겁지 못하니, 태공太公과 소공召公이 말하였다. "우리가 왕을 위하여 삼가 점을 치겠습니다." 주공이 말했다. "아직 우리 선왕先王들을 슬프게 할 수 없다." 주공은 이에 스스로 인질이 되어 세 단을 설치하되, 터를 똑같이 하고, 남방에 단을 설치하되 북쪽으로 향하도록

태공太公

소공召公

하고, 주공이 거기에 서서 벽옥을 놓고 홀笏을 잡고서 드디어 태왕과 왕계와 문왕에게 고했다.

사관이 다음과 같이 축문을 책에 기록했다. "오직 당신들의 큰 손자 아무개가 사납고 모진 병에 걸렸습니다. 당신들 세 왕은 큰 아들의 목숨을 하늘에 요구할 책임이 있으시니, 저를 가지고 아무개의 몸을 대신하게 하소서. 저는 아버지에게 어질게 대하고 잘 따르며, 재주가 많고 기술이 많아서 귀신을 잘 섬길 수 있습니다. 그러나 큰 손자는 저처럼 재주와 기술이 많지 않아서 귀신을 섬길 수 없습니다.

무왕은 하느님의 뜰에서 명령을 받고, 사방을 두루 도와 당신들의 자손들을 아래의 땅에서 안정시키니, 사방의 백성들이 모두 공경하고 두려워합니다. 오오! 하늘이 내리신 보배로운 명령을 실추시키지 않으셔야 우리 선왕들께서도 또한 영원히 의지하고 귀의할 데가 있을 것입니다. 지금 저는 큰 거북에게 나아가 점을 칠 것입니다. 당신들께서 제게 허락하시면, 저는 벽璧과 규珪를 가지고 살펴보겠습니다만, 당신들이 나에게 허락하지 않으신다면, 저는 벽옥과 홀을 감추어버리겠습니다." 그러고 나서 세 거북에게

점을 치니 다 같이 길함이 거듭되므로 자물쇠를 열어 점친 내용의 글을 보니 아울러 길하였다.

주공이 말하였다. "오오! 왕에게는 해가 없게 하소서. 나 소자가 세 왕에게 새로 명을 받아 길이 마칠 것을 도모하여 기다릴 것이니, 잡아갈 것은 나 한 사람만을 생각해주소서." 주공이 돌아가 쇠로 봉한 궤짝(금등金縢) 안에 기도한 말을 적은 글을 넣고 나니, 왕이 이튿날에 바로 병이 나았다.

무왕이 죽고 난 뒤에 관숙管叔이 그의 여러 아우들과 함께 나라에 말을 퍼뜨리기를 "주공은 장차 무왕의 어린 아들에게 이롭지 못할 것이다."라고 했다. 주공이 이에 두 공에게 고하여 말하기를, "내가 피하지 않는다면, 나는 우리 선왕에게 아뢸 수가 없다."고 하고, 동쪽에 가서 거처한 지 2년이 되어서 죄인을 잡았다. 나중에 주공이 시를 써서 왕에게 주고, 올빼미란 제목을 붙였는데, 왕이 또한 주공을 꾸짖지 못했다.

가을에 곡식이 매우 잘 익었으나 거둬들이지 않고 있을 때에 하늘이 큰 우레와 번개를 치게 하고 바람을 불게 하니, 벼가 모두 쓰러지고 큰 나무가 바로 뽑혀 나라 사람들이 크게 두려워했다. 왕이 대부들과 모두 고깔을 쓰고 쇠로 봉해놓은 궤짝의 글을 열어서, 주공이 스스로 인질이 되어 무왕을 대신하려 했던 말을 얻었다.

두 공과 왕이 사관史官들과 여러 집사들에게 물으니 대답하여 말하기를, "사실입니다. 아아! 공이 〈말하지 말라고〉 명했으므로

주공이 죄인들을 잡다

성왕이 금등金縢을 열어 주공의 글을 보다

우리는 감히 말을 하지 못했습니다."라고 했다. 왕이 글을 잡고 눈물을 흘리며 말하기를, "점치는 것을 하지 말자. 예전에 공이 우리 왕가를 위해 부지런히 애썼는데, 부족한 사람인 내가 그것을 알지 못하여, 지금 하늘이 위엄을 부려 주공의 덕을 밝히시니, 오직 나 소자가 새로 맞이할 것이다. 우리 국가의 예에도 또한 마땅하다." 고 하고, 왕이 교외로 나가니, 하늘은 비를 내리고, 바람을 반대 방향으로 불게 하여 벼가 다 일어나거늘, 두 공이 나라 사람들에게 명하여 큰 나무와 누운 곡식을 다 일으켜 쌓으니, 그 해에 큰 풍년이 들었다.

《서경》〈주서 금등金縢〉

성왕成王이 말했다.

"옛날에 주공이 만민萬民을 가르치고 보호하였으므로 백성들이 그의 덕을 그리워했다. 가서 그대가 맡은 일을 조심해서 처리하고 정상적인 것으로 인솔하여, 주공의 가르침을 힘써 밝히기만 하면 백성들은 다스려질 것이다. 내가 들으니, '지극히 잘 다스려진 세상은 향기로워서 신명神明에게까지 감동시킨다.'고 하는구나. 기

성왕成王

장 등의 곡식이 향기로운 것이 아니라, 밝은 덕이 오직 향기로운 것이니, 그대는 부디 주공의 도리와 교훈을 본받아, 날마다 부지런히 힘쓸 것이며, 감히 방일放逸하거나 즐기지 말라."

《서경》〈주서 군진君陳〉

8. 공자孔子

공자의 이름은 구丘, 자는 중니仲尼로 노魯나라 사람이다. 아버지 숙량흘叔梁紇과 어머니 안징재顔徵在 사이에서 태어났다. 공자는 요堯·순舜·우禹·탕湯·문왕文王·무왕武王·주공周公의 사상을 집대성하여 하나의 새로운 사상으로 체계화하였는데 그것이 유교사상이다. 유교사상은 혼란한 춘추시대를 안정시켜 이끌 수 있는 이론으로 각광을 받았고 많은 제자들이 모여들었다.

공자孔子
(당나라 오도자吳道子 그림으로 전칭)

공자의 사상은 훗날 맹자

와 순자에 의해서 계승되었는데, 맹자의 사상은 성선설性善說에 기반을 둔 것이고, 순자의 사상은 성악설性惡說에 기반을 둔 것이다.

공자께서는 요임금과 순임금을 으뜸으로 계승하시고 문왕과 무왕을 본받아서 밝히셨으며, 위로는 천시天時를 본받았고 아래로는 물과 흙의 상황에 맞추시었다. 비유하면 하늘과 땅이 실어주지 아니함이 없고 덮어서 감싸주지 아니함이 없음과 같다. 비유하면 사계절이 번갈아 운행됨과 같고 해와 달이 교대로 밝아지는 것과 같다.

만물은 함께 자라도 서로 방해하지 않고 도道는 함께 행하여져도 서로 어긋나지 않는다. 작은 덕은 냇물처럼 흐르고 큰 덕은 두터이 변화시킨다. 이것이 천지天地가 위대하게 되는 까닭이다.

《중용》〈제30장〉

공자께서 향당鄕黨에 계실 때에는 신실信實히 하여 말을 못하는 사람 같으셨다. 종묘宗廟와 조정朝廷에 계실 때에는 또박또박하게 말씀하시되 오직 신중하게 하셨다. 《논어》〈향당鄕黨 제1장〉

조정에서 하대부下大夫와 말씀하실 때에는 깐깐하였으며 상대부上大夫와 말씀하실 때는 은은하였다. 임금이 계실 때에는 공손하시며 근엄하였다. 《논어》〈향당 제2장〉

임금이 불러 국빈國賓을 접대하게 하시면, 낯빛을 변하시며 발걸음을 조심하셨다. 함께 서 있는 사람에게 읍을 하실 때 손을 좌우로 하셨는데, 옷의 앞뒤자락이 가지런하였다. 빨리 나아가실 때는 날개를 편 듯하였다. 손님이 물러간 후에는 반드시 복명復命하기를, "손님이 뒤돌아보지 않고 잘 갔습니다."고 하셨다.

《논어》〈향당 제3장〉

공문公門에 들어가실 적에는 몸을 굽히시어 〈문이 작아 들어가기에〉 넉넉하지 못한 것처럼 하셨다. 서 있을 때에는 문 가운데에 서지 않으시고 다니실 때에는 문지방을 밟지 않으셨다. 〈임금의〉 자리를 지나실 적에는 낯빛이 변하시고 발걸음이 신중해지시며 말씀을 부족한 듯이 하셨다.

옷자락을 잡고 당堂에 오르실 적에는 몸을 굽히시며, 숨소리를 죽이시어 숨을 쉬지 아니하는 사람 같으셨다. 나오시어 한 층계를 내려와서는 낯빛을 펴서 화평하게 하시며, 층계를 다 내려와서는 빨리 걸으시는 모습이 새가 날개를 편 듯하였으며, 자기 자리에 돌아와서는 공손하셨다. 《논어》〈향당 제4장〉

규圭를 잡으실 적에는 몸을 굽혀 〈그 무게를〉 이기지 못하는 듯이 하셨으며, 위로는 서로 읍할 때의 위치와 같게 하시고, 아래로는 물건을 줄 때의 위치와 같게 하시며, 낯빛을 변하여 두려워하는 빛을 띠시며, 발걸음의 폭을 좁고 낮게 떼시었다. 연향燕享하는 예석禮席에서는 온화한 낯빛을 하셨으며 사적私的으로 만나 보실

때는 화평하게 하셨다. 《논어》〈향당 제5장〉

군자는 감색紺色과 검붉은 빛으로 옷 가장자리의 선을 두르지 않으셨으며, 다홍색과 자주색으로 평상복을 만들지 않으셨다. 더위를 당해서는 가는 갈포와 굵은 갈포로 만든 홑옷을 반드시 겉에다 입으셨다. 검은 옷에는 염소 가죽으로 만든 갖옷을 입고, 흰 옷에는 사슴 가죽으로 만든 갖옷을 입고, 노란 옷에는 여우 가죽으로 만든 갖옷을 입으셨다.

평상시에 입는 갖옷은 길게 하되 오른쪽 소매는 짧게 하셨다. 반드시 잠옷이 있었으니 길이가 한 길 하고 또 반이었다. 여우와 담비의 두터운 가죽옷으로 거처하셨다. 탈상한 뒤에는 〈패물을〉 차지 않는 것이 없으셨다. 유상帷裳이 아니면 반드시 〈치마의 위폭에 주름을 잡지 않고〉 줄여서 꿰매셨다. 염소 가죽으로 만든 갖옷을 입거나 검은 관을 쓰고서는 조문하지 않으셨다. 초하룻날에는 반드시 조복을 입고 조회하셨다. 《논어》〈향당 제6장〉

밥은 정미한 것을 싫어하지 않으시며, 회는 가늘게 썬 것을 싫어하지 않으셨다. 밥이 상하여 쉬었거나 생선이 상하고 고기가 부패하였으면 먹지 않으셨으며, 빛깔이 나쁜 것을 먹지 않으시고, 냄새가 나쁜 것을 먹지 않으셨으며, 요리가 잘못된 것을 먹지 않으시고, 때가 아닌 것을 먹지 않으셨다. 자른 것이 바르지 않으면 먹지 않으시고, 제격에 맞는 장을 얻지 못하면 먹지 않으셨다.

고기가 비록 많더라도 밥 기운을 이기게 하지 않으시며, 술은 양을 정해두지 않았으나 어지러운 지경에 이르지는 않으셨다. 사온 술과 시장에서 만든 포를 먹지 않으셨다. 생강 먹는 것을 그만두지 않으시고, 많이 먹지 않으셨다.

나라에서 제사 지내고 받은 고기는 밤을 재우지 않으셨으며, 집에서 제사 지낸 고기는 3일을 넘기지 않으셨으니, 3일이 지나면 먹지 못하기 때문이다.

음식을 먹을 때는 말씀하지 않으시고, 잠자리에 누웠을 때도 말씀하지 않으셨다. 비록 거친 밥과 나물국이라도 반드시 제사를 하되, 반드시 공경히 하셨다. 《논어》〈향당 제8장〉

자리가 바르지 않으면 앉지 않으셨다. 《논어》〈향당 제9장〉

마구간에 불이 났었는데 공자께서 조정에서 물러나 "사람이 다쳤는가?" 하고 물으시고 말에 대해서는 묻지 않으셨다.

《논어》〈향당 제12장〉

임금이 음식을 주시면 반드시 자리를 바로하고 먼저 맛보시며, 임금이 날고기를 주시면 반드시 익혀서 조상께 올리시고, 임금이 살아 있는 것을 주시면 반드시 기르셨다. 임금을 모시고 밥을 먹을 적에, 임금이 제祭를 하면 먼저 밥을 잡수셨다.

병이 있을 때 임금이 보러 오시면, 머리를 동쪽으로 두시고 조

태묘太廟에 들어가 예禮를 묻다

복을 몸에 걸치고 띠를 걸쳐 놓으셨다. 임금이 명하여 부르시면 수레에 멍에하기를 기다리지 않고 바로 가셨다. 태묘太廟에 들어가서 모든 일을 물으셨다. 《논어》〈향당 제13장〉

붕우朋友가 죽어서 돌아갈 곳이 없으면 "우리 집에 빈소를 차리라."고 하셨다. 붕우가 주는 것은 제사 지낸 고기가 아니면 비록 수레나 말이라도 절하지 않으셨다. 《논어》〈향당 제14장〉

잠잘 때에는 죽은 사람처럼 하지 않으시며 집에 거처하실 때는 모양을 내지 않으셨다. 상복喪服 입은 자를 보시면 비록 막역한 사이라도 반드시 낯빛을 변하시며, 면류관을 쓴 자와 장님을 보시면 비록 사석私席이라도 반드시 예모로 대하셨다. 상복 입은 자에게는 경의를 표하시고, 지노와 호적을 짊어진 자에게 경의를 표하셨다. 성찬을 받으시면 반드시 낯빛을 변하시고 일어나셨다. 빠른 우레와 바람이 맹렬하면 반드시 낯빛을 변하시었다.

《논어》〈향당 제15장〉

수레에 오르시면 반드시 바르게 서서 끈을 잡으셨다. 수레 안에서 돌아보지 않으시고, 말씀을 빨리 하지 않으시며, 손가락으로 가리키지 않으셨다. 《논어》〈향당 제16장〉

공자께서 말씀하셨다. "열 집쯤 되는 조그만 읍에도 반드시 충성스럽고 신실함이 나와 같은 자는 있지만 나처럼 학문을 좋아하는 이는 없을 것이다." 《논어》〈공야장公冶長 제27장〉

공자께서 말씀하셨다. "육포肉脯 한 묶음 이상을 가지고 와 예를 행한 자에게는 내 일찍이 가르쳐주지 않은 적이 없었다."

《논어》〈술이述而 제7장〉

안연이 '후우!' 하고 탄식하며 말하였다. "우러러볼수록 더욱 높아지고, 뚫을수록 더욱 여물어지며, 쳐다보면 앞에 있었는데, 어느덧 뒤에 있도다. 선생님께서는 순조롭게 남을 잘 이끌어주신다. 나를 넓혀주시기를 문文으로써 하시고 나를 요약해주시기를 예로써 하셨다. 〈공부를〉 그만두고자 해도 그만둘 수 없어 이미 내 재주를 다하니 〈선생님의 도道가〉 내 앞에 우뚝 서 있는 듯하다. 그리하여 그를 따르고자 하나 어디로부터 시작해야 할지 모르겠다." 《논어》〈자한子罕 제10장〉

공자께서 말씀하셨다. "나를 아는 사람이 없구나!" 자공이 말하였다. "어째서 선생님을 아는 사람이 없는 것입니까?" 공자께서 말씀하셨다. "〈나는〉 하늘을 원망하지 않고 다른 사람을 탓하지 않으며, 아래로 〈인간의 일을〉 배워서 위로 〈천리天理를〉 통달하노니 나를 알아주는 자는 하늘이실 것이다!" 《논어》〈헌문憲問 제37장〉

숙손무숙叔孫武叔이 조정에서 대부들에게 말하기를 "자공이 중니보다 낫다."고 하였다. 자복경백子服景伯이 이 말을 자공에게 아뢰니 자공이 말하였다. "궁실의 담에 비유하면 나의 담은 어깨에 미치므로 집 안의 좋은 것들을 볼 수 있지만, 선생님의 담은 여러 길이므로 그 문을 열어서 들어가지 못하면 종묘宗廟의 아름다움과 백관百官의 많음을 볼 수가 없는 것과 같은 것이다. 그 문을 열고 들어간 자가 적으니 그 사람의 말이 또한 당연하지 아니한가?"

《논어》〈자장子張 제23장〉

숙손무숙이 중니를 헐뜯자 〈간접적으로 전해들은〉 자공이 말하였다. "그러지 말라. 중니는 헐뜯을 수 없다. 다른 사람 중에서 어진 자는 구릉丘陵과 같아서 넘을 수 있지만, 중니는 해나 달과 같아서 넘을 수 없다. 사람들이 비록 스스로 관계를 끊고자 해도 어찌 해와 달에 손상이 있겠는가? 다만 자기가 분수를 알지 못한 것을 드러낼 뿐이다."

《논어》〈자장 제24장〉

진자금陳子禽이 자공에게 말하였다. "당신이 공손해서 그렇지 중니가 어찌 당신보다 낫겠습니까?" 자공이 말하였다. "군자는 한마디의 말만 듣고도 지혜로운 자임을 알고 한마디의 말만 듣고도 지혜롭지 않은 자임을 알게 되니, 말은 조심하지 아니할 수 없다. 선생님에게 미치지 못하는 것은 하늘에 사다리로 올라갈 수 없는 것과 같다. 만일 선생님께서 나라를 얻으신다면, 이른바 세우면 곧

서고, 인도하면 곧 행해지며, 편안하게 해주면 곧 몰려오고, 감동시키면 곧 화평하게 된다. 그의 삶은 영광스러웠고, 그의 죽음은 슬펐다. 어떻게 미칠 수 있겠는가?" 《논어》〈자장 제25장〉

맹자께서 말씀하셨다. "공자께서 제齊나라를 떠나실 적에는 밥하려고 담가놓은 쌀을 건져 가지고 가셨고, 노나라를 떠나실 적에는, '더디고 더디다. 나의 걸음이여!' 하셨으니, 부모의 나라를 떠나는 도리이다. 속히 떠나야 되는 상황이면 속히 떠나고, 오래 머물러야 되는 상황이면 오래 머물며, 은둔해야 하는 상황이면 은둔하고, 벼슬해야 되는 상황이면 벼슬한 것은 공자이시다."

《맹자》〈만장장구 하 제1장〉

맹자께서 말씀하셨다. "백이伯夷는 성인 중의 청아한 자이고, 이윤伊尹은 성인 중의 사명감이 넘치는 자이고, 유하혜柳下惠는 성인 중의 온화한 자이고, 공자는 성인 중에서 상황에 맞게 행동한 자이시다.

백이伯夷

공자를 집대성集大成이

라 이르니, 집대성이라는 것은 쇠로 만든 악기로 소리를 늘어뜨리고 옥으로 만든 악기로 거두어들이는 것이다. 쇠로 만든 악기로 소리를 늘어뜨린다는 것은 가락을 시작하는 것이고, 옥으로 만든 악기로 거두어들인다는 것은 가락을 마무리하는 것이다. 가락을 시작하는 것은 지혜로운 일이고, 가락을 마무리하는 것은 성스러운 일이다. 지혜로움을 비유하자면 공교로움에 해당하고 성스러움을 비유하자면 힘이 있는 것에 해당하니, 백 보 밖에서 활을 쏠 때, 화살이 과녁에까지 이르는 것은 너의 힘 때문이지만 적중하는 것은 너의 힘 때문이 아닌 것과 같다."

《맹자》〈만장장구 하 제1장〉

유하혜柳下惠

공손추公孫丑가 물었다. "재아宰我와 자공子貢은 말을 잘했고 염우冉牛·민자閔子·안연顔淵은 덕행을 잘 말하였는데, 공자께서는 이를 겸하였으되 '나는 말에 있어서는 능하지 못하다.' 하셨으니, 그렇다면 선생님께서는 이미 성인이십니까?"

맹자가 대답했다. "아아! 이 무슨 말인가. 옛날에 자공이 공자에게 묻기를, '선생님께서는 성인이십니까?' 하자, 공자께서는 '성인의 일은 내가 능하지 못하지만 나는 배우기를 싫어하지 아니하고 가르치기를 게을리하지 아니한다.' 하시니, 자공이 말하기를, '배우기를 싫어하지 아니함은 지혜로운 것이고 가르치기를 게을리하지 아니함은 어진 것이니, 어질고 또한 지혜로우시니 선생님께서는 이미 성인이십니다.' 하였다. 성인은 공자께서도 자처하지 아니하셨는데 이 무슨 말인가?"

재아宰我　　염우冉牛　　민자閔子

공손추가 다시 물었다. "제가 예전에 들으니, '자하子夏·자유子游·자장子張은 모두 성인의 한 부분만을 가지고 있었고, 염유·민자·안연은 전체를 갖추고 있었으나 미약하였다.'고 하였습니다. 감히 선생님께서 어느 쪽에 해당하시는지를 묻겠습니다." "그것은 따지지 말라."

"백이伯夷와 이윤伊尹은 어떠합니까?" "도가 같지 아니하다. 제대로 된 임금이 아니면 섬기지 아니하고, 제대로 된 백성이 아니면 부리지 않으며 다스려진 세상이면 나아가고 어지러운 세상이면 물러나는 것은 백이이고, '누구를 섬긴들 임금이 아니고 누구를 부린들 백성이 아닌가.' 하여, 다스려진 세상이라도 나아가고 혼란한 세상이라도 나아가는 것은 이윤이다. 벼슬할 만하면 벼슬하고 그만둘 만하면 그만두며, 오래 머무를 만하면 오래 머무르고, 빨리 떠날 만하면 빨리 떠나는 것은 공자이시다. 모두 옛 성인이시니 나는 아직 그런 것을 행할 수 없지만 원하는 것은 공자를 배우는 것이다."

"백이와 이윤이 공자에 대해서 이와 같이 동등하십니까?" "아니다. 사람이 있은 이래로 공자 같은 분은 있지 않다."

"그렇다면 같은 점이 있습니까?" "있다. 백 리 되는 땅을 얻어서 임금 노릇을 하면 모두 제후들에게 조회 받고 천하를 소유할 수 있거니와, 의롭지 못한 일을 하나라도 하거나 죄 없는 사람을 한 사람이라도 죽이면 천하를 얻는다 하더라도 모두 하지 않을 것이니, 이것이 같은 점이다."

"감히 그 다른 점을 묻겠습니다." "재아와 자공과 유약有若은 지혜로워서 족히 그 지혜로 성인을 알아볼 수 있으니, 지혜가 다소 낮다 하더라도 자기가 좋아하는 사람에게 아첨하는 데에 이르지는 않는다. 재아는 말하기를, '나의 방법으로 선생님을 관찰한다면 요순보다 현명한 정도가 훨씬 나으시다.'고 하였고, 자공은 말하기를, '그 예禮를 보면 그 정사를 알 수 있고, 그 음악을 들으면 그 덕을 알 수 있는 것이니, 백세가 지난 뒤에 백세의 왕들의 등차를 매겨보더라도 어길 수 있는 자가 없을 것이다. 사람이 살고부터 선생님 같은 분은 있지 않았다.'고 하였으며, 유약이 말하기를, '어찌 오직 백성에 있어서뿐이겠는가. 달리는 짐승에 있어서의 기린의 위치, 나는 새에서의 봉황의 위치, 언덕에 있어서의 태산의 위치, 고인 물에 있어서의 황하나 바다와 똑같은 것이며, 일반 백성 중의 성인도 이와 같은 것이다. 그 무리에서 빼어나고 그 모인 것에서 높이 솟아났으니, 사람이 살고부터 공자보다 더한 사람이 있지 않다.'고 하였다."

《맹자》〈공손추장구 상 제2장〉

공자의 기르던 개가 죽었다. 공자가 자공을 시켜 이를 묻게 하고 말하기를, "나는 들으니, 해진 휘장을 버리지 않는 것은 말을 묻기 위해서이며, 해진 수레의 차일을 버리지 않는 것은 개를 묻기 위해서라고 했다. 나는 가난해서 이를 덮어줄 것이 없으니, 그 시체 묻을 때 거적자리로 충분히 덮어주어서 그 머리가 흙속에 빠지는 일이 없게 하라." 하고는, 덧붙여서 "노마路馬가 죽으면 휘장으로 싸서 매장한다."고 했다.

《예기》〈단궁檀弓 하〉

공자가 일찍 일어나 손을 등뒤로 돌려 지팡이를 끌고 문 앞을 거닐면서 노래했다. '태산이 무너지려나. 대들보가 꺾어지려나. 철인이 병들려나.' 노래를 마치고 들어가서 방문을 대하여 앉았다.

공자가 두 기둥 사이에 앉아 있는 꿈을 꾸다

자공이 노랫소리를 듣고 말했다. "태산이 무너진다면 나는 누구를 사모하고 우러러볼 것인가. 대들보가 꺾어지고 철인이 병든다면 나는 장차 어디에 의지할 것인가. 부자께서 아마 장차 병이 나시려는 것이다." 하며 곧 종종걸음으로 들어갔다.

공자가 말했다. "사賜야, 너는 어찌하여 그다지도 오는 것이 더딘가. 사람이 죽었을 때 하후씨夏侯氏는 동계東階 위에 빈소를 차렸다. 동계는 주인이 오르내리는 계단이므로 죽은 자를 주인으로 대우하는 것이다. 은나라 사람은 두 기둥 사이에 빈소를 차렸다. 죽은 이를 손님과 주인의 중간으로 여겼으니 신으로 대우한 것이다. 주나라 사람은 서계 위에 빈소를 차렸다. 이는 죽은 이를 손님으로 대접하는 것이다. 나는 은나라 사람이다. 내가 어젯밤 꿈에 두 기둥 사이에 앉아 있었다. 무릇 밝은 임금이 일어나지 않고 있는데 천하에서 그 누가 나를 종주宗主로 높일 것인가. 내가 장차 죽으려는 것이다."

이리하여 병들어 누운 지 이레 만에 몰歿하셨다.

《예기》〈단궁 상〉

공자의 상喪에 문인이 어떤 복상을 해야 할지 몰랐다. 자공이 말하기를, "지난날 부자夫子께서 안연을 잃으셨을 때, 자식을 잃은 것과 같이 하셨으나, 복은 입지 않았다. 자로를 잃으셨을 때도 또한 그와 같으셨다. 부자를 여읜 것도 아버지를 여읜 것과 같이 하되 상복을 입지 말고 조복을 입기를 청한다."고 했다.

공자의 사후에 제자들이 3년 동안 심상心喪하다

공자의 상에 공서적公西赤이 지志를 만들었다. 관을 장식하는 데 옷을 덮고 삽翣을 놓았으며 피披를 설치한 것은 주나라의 제도이고, 숭崇을 만든 것은 은나라의 제도이며, 정기旌旗의 대를 흰 비단으로 싸고 조旐를 세운 것은 하나라의 제도를 따랐다.

《예기》〈단궁 상〉

제10장

공동체

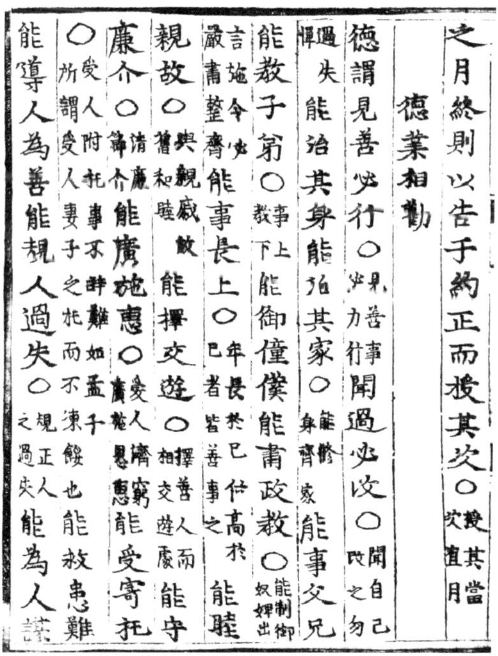
之月終則以告于約正而授其次○(授其當次直月)

德業相勸

德謂見善必行○(見善事必力行)聞過必改○(聞自己過失改之勿憚)能治其身能治其家○(能修身齊家)能事父兄能教子弟○(事上教下)能御僮僕能肅政教○(能制御奴婢出)言施令必嚴肅整齊能事長上○(年長於己者皆善事之仕高於)能睦親故○(與親戚舊和睦)能擇交遊○(擇善人而相交遊處)能守廉介○(清廉節介)能廣施惠○(廣愛人惠濟窮)能受寄託○(受人附託事不辭難如孟子所謂受人妻子之托而不凍餒也)能救患難能導人為善能規人過失○(規正人之過失)能為人謀

《주자증손여씨향약朱子增損呂氏鄉約》

유교에서의 이상은 가정이 확산되어 사회가 되고 나라가 되고 세계가 되는 것이기 때문에 유교에서의 종교적 공동체는 가정을 단위로 하면 가족이 되고, 사회를 단위로 하면 그 사회에 살고 있는 사람들이며, 국가를 단위로 하면 국민이 되며 세계를 단위로 하면 전 세계인이 된다. 따라서 각 단위별로 볼 때 그 단위에 속한 사람들이 그 단위를 기준으로 공동체를 형성해야 한다.

그리고 각 단위는 각각의 단위에서 종교적 이념이 실현되는 장場이 되어야 한다. 가정, 국가, 세계가 교회와 같은 역할을 해야 하는 것이다. 이러한 의미에서 보면 유교는 성聖과 속俗이 구별되지 않는다. 속俗에서의 원만한 삶이 바로 성聖인 것이다.

가정은 공동체의 최소 단위이다. 각 가정이 이상적인 상태가 될 때 그 가정을 단위로 하여 성립되는 사회나 국가, 또는 세계가 이상적인 상태가 될 수 있기 때문에, 유교에서는 특히 가정을 매우 중시한다.

가정 안에서 부모와 자녀, 형과 아우, 남편과 아내가 모두 한마음 한 뜻이 되어 이상적이 된다면 이는 종교에서 말하는 이상이 실현되는 시발점이 된다. 이러한 의미에서 가정은 종교적 이상을 실현하는 교회와 같은 의미를 갖는다.

향약鄕約은 중국의 송나라와 우리 조선시대 때 실행된 제도로서 마을 단위로 실시하던 공동체이다. 향약의 목적은 한 마을을 한 가정 같은 이상적인 상태로 만드는 것이다.

국가는 가정의 확대된 개념이다. 가정에서 부모가 자녀를 사랑하는 마음이 바로 통치자가 국민을 사랑하는 마음이고, 자녀가 부모에게 효도하는 마음이 바로 국민이 통치자를 받드는 마음이다.

세계는 또 국가가 확대된 개념이다. 유교에서 말하는 최종 목표는 세계평화이다. 세계평화는 가정의 평화를 확대함으로써 이룩하는 방법을 제시하는 것이 유교의 특징이다.

1. 가정家庭

유교에서 가정의 의미는 매우 중요하다. 인仁을 터득하는 중요한 방법 중의 하나가 부모와 자녀간의 사랑을 확대하는 것이므로 부모와 자녀의 관계가 형성되는 장場인 가정은 유교에서 특별한 의미를 갖는다. 유교에서 가정은 타 종교의 교회敎會나 사원寺院과 같은 의미를 갖기 때문이다. 가정에서 가족이 모두 한마음이 된다면 그 관계를 차츰 이웃으로, 나라로, 세계로 확산시킴으로써 세계평화를 달성하는 데까지 나아간다.

아들이 부모를 섬길 때에는 닭이 처음 울면 모두 세수하고, 양치질하고, 머리를 빗고, 검은 비단으로 머리털을 싸매고, 비녀 꽂고, 비단으로 머리를 묶어서 상투를 장식하고, 다팔머리 위의 먼지를 털고, 갓을 쓰고 갓끈을 드리우고, 현단복玄端服을 입고, 슬갑膝甲을 착용하고, 큰 띠를 띠고, 홀笏을 꽂고, 왼쪽과 오른쪽에 쓸 물건들을 차고, 행전行纏을 치고, 신을 신고, 신의 끈을 맨다.

며느리가 시부모를 섬기는 것도 친정 부모를 섬기는 것과 같이 하여, 닭이 처음 울면 모두 세수하고, 양치질하고, 머리 빗고, 검은 비단으로 머리를 싸서 쪽찌고, 비녀 꽂고, 비단으로 머리를 묶어 쪽을 장식하고, 옷 입고 큰 띠를 띠고, 왼쪽과 오른쪽에 쓸 물건들을 차고, 향이 든 주머니를 차고, 신을 신고, 신의 끈을 맨다.

이와 같이 하고서 부모와 시부모가 계신 곳으로 아침 문안을 드리러 간다. 그곳에 이르면 숨소리를 낮추고 말소리를 부드럽게 하면서 입으신 옷의 덥고 찬 정도를 묻는다. 만일 아파하시거나 가려워하시면 조심하여 짚어보며 긁어드린다. 출입하시게 되면 앞에 서기도 하고 뒤에 서기도 하며 삼가 부축해드린다.

세숫물을 드릴 때에는 어린 자는 대야를 받들고 나이 많은 자는 물을 받들어서 부어 씻으시기를 청한다. 씻고 나면 수건을 드린다.

잡숫고 싶은 것을 물어서 공손히 드리되 얼굴빛을 부드럽게 하면서 뜻을 즐겁게 하여 부모나 시부모가 반드시 맛보신 뒤에야 물러나온다.

남녀로서 아직 갓을 쓰지 않고 비녀를 꽂지 않은 자는 닭이 처음 울면 모두 세수하고, 양치질하고, 머리 빗고, 검은 비단으로 머리를 싸매고, 다팔머리 위의 먼지를 털고, 머리털을 묶어서 뿔 모양을 만들고, 향낭香囊을 매고, 향기 나는 물건을 찬다. 먼동이 틀 때 아침 문안을 드린다. "무엇을 잡수셨습니까?" 하고 여쭈어서 이미 잡수셨으면 물러나오고, 아직 잡숫지 않으셨으면 어른들을 도와서 잡수실 음식 준비를 보살펴야 할 것이다.

모든 안과 밖의 사람들은 닭이 처음 울면 모두 양치질하고, 세수하고, 옷 입고 베개와 잠자리를 걷는다. 방과 마루와 뜰을 청소하고 자리를 펴놓는다. 그러고 나서 각기 자기 일에 종사한다.

부모나 시부모가 일어나 앉으려고 하시면 깔고 앉을 자리를 받들어 들고 "어느 쪽을 향하여 자리를 깔까요?" 하고 묻는다. 장차 누우려고 하시면 나이 많은 자는 깔고 누울 자리를 받들어 들고 "발은 어느 쪽에 두실 건가요?" 하고 물으며, 나이 적은 자는 침상을 받들고 옆에 모시고 앉는다. 일어나시면 모시는 자는 안석安席을 들고 자리와 대자리를 거둔다. 이불을 묶어서 달고, 베개는 상자에 넣으며, 대자리는 걷어서 싸둔다.

부모나 시부모의 옷과 이불과 대자리와 베개와 안석은 일정한 곳에 두어서 함부로 옮기지 않으며, 지팡이와 신은 소중하게 간수하여 감히 몸에 가까이하지 않는다. 여러 종류의 그릇은 부모가 먹다 남은 음식을 먹을 때가 아니면 감히 쓰지 못하며, 부모가 늘 잡수시는 음식은 먹다 남은 것이 아니면 감히 먹지 못한다.

부모나 시부모가 계신 곳에서, 명령하시는 일이 있으면 빨리 응하고 나서 공손히 대답하는 말씀을 드린다. 앞으로 나아가서 뒤로 물러서며, 이리저리로 돌아가는 동작을 삼가고 조심하며, 마루에 오르고 내리며, 방에 들어서고 나갈 때에는 몸을 굽히고 펴는 것을 법도에 맞도록 해야 한다. 감히 구역질·트림·재채기·기침을 하지 못하며, 하품하고, 기지개 켜고, 한쪽 발로 비스듬히 서서 다른 물체에 몸을 의지하거나 곁눈질하여 보지 못하며, 감히 가래침을 뱉고, 콧물을 흘리지 못한다.

추워도 감히 옷을 껴입지 못하고, 가려워도 감히 긁지 못하며, 공경히 할 일이 있지 않으면 감히 상의上衣를 벗어 매어 팔을 드러내지 못하며, 물을 건널 때가 아니면 옷을 걷어 올리지 못하며, 속옷과 이불은 안을 드러내 보이지 않는다.

부모의 가래침과 콧물을 남에게 보이지 않으며, 갓과 띠에 때가 묻었으면 잿물을 타서 씻기를 청하고, 옷에 때가 묻었으면 잿물을 타서 빨기를 청하며, 옷이 터졌거나 찢어졌으면 바늘에 실을 꿰어 깁기를 청한다.

연소한 사람이 연장자를 섬기는 것이나 신분이 천한 사람이 존귀한 사람을 섬기는 것이 모두 이 예절에 따라야 한다.

《소학》〈명륜明倫 제1장~제4장〉

2. 향약鄕約

이상적인 가정의 확산된 형태의 사회를 추구하는 것이 유교에서 말하는 이상적인 사회상이다. 이러한 사회를 구축하기 위한 하나의 방법으로서 만들어진 것에 향약이라는 것이 있다.

향약을 처음 만든 사람은 중국 송나라의 여씨呂氏 집안이므로 이를 여씨향약呂氏鄕約이라 한다. 나중에 주자가 이것을 증익增益하였고 명나라 때에는 주州와 현縣에 향약소를 설치하였다. 조선시대에는 조선의 사정에 맞게 향약을 만들어 실시하였다. 이퇴계李退溪의 예안향약禮安鄕約, 이율곡李栗谷의 서원향약西原鄕約 등이 유명하다.

남전 여씨藍田呂氏의 향약에 말하기를, "이 향약에 참가한 모든 사람은 덕행과 착한 일로 서로 권면하며, 과실이 있으면 서로 충고하여 바로잡으며, 예의의 풍속으로 서로 사귀며, 환난에 서로 돕는다. 착한 일이 있으면 기록부에 기록하고, 허물이 있거나 약속을 어기는 일이 있어도 기록한다. 세 번 향약을 어기면 벌을 주되 고치지 않는 자는 제명한다." 하였다. 《소학》〈선행善行 제7장〉

3. 국가

국가는 가정의 확대된 개념이다. 그러므로 유교에서는 국가에서의 윤리를 가정에서의 윤리를 확대 적용한다. 예를 들면 임금과 아버지를 동일시하여 임금이 백성을 보호하는 것을 아버지가 자녀를 보호하는 것과 같이 생각하고, 임금에게 충성하는 것을 아버지에게 효도하는 것과 같이 생각하며, 모든 백성이 서로 형제의 관계로 생각하는 것 등이 그것이다.

이른바 나라를 다스리는 것이 반드시 먼저 그 집을 가지런히 함에 있다는 것은 자기 집을 가르칠 수 없으면서 남의 집을 가르칠 수 있는 자가 없기 때문이니, 그러므로 군자는 집 밖으로 나가지 아니하고서 가르침을 나라에 이룬다. 부모에게 효도하는 마음이 임금을 섬기는 수단이 되고, 형을 공경하는 마음이 윗사람을 섬기는 수단이 되며, 자녀를 사랑하는 마음이 백성들을 부리는 수단이 되는 것이다.

《서경》〈강고편康誥篇〉에서 '갓난아기를 보살피듯 하라.'고 했으니 마음으로 진실로 구하면 비록 맞지 아니할지라도 멀지 아니한 것이니, 아이 기르는 법을 배운 뒤에 시집가는 자는 있지 않다. 한 집이 어질게 되면 나라가 어진 마음을 일으켜 어질게 되고, 한 집이 사양을 잘하면 한 나라가 사양하는 마음을 일으켜 사양을 잘하게 되며, 한 사람이 욕심이 많거나 사나우면 한 나라가 난을 일으키니, 그 이치가 이와 같다. 이 때문에 한마디의 말이 일을 그르치고 한 사람이 나라를 안정시킨다고 하는 것이다.

요堯와 순舜이 천하를 거느리기를 어진 마음으로 하니 백성이 그를 따랐고 걸桀과 주紂가 천하를 거느리기를 사나운 마음으로 하니 백성들이 그를 따라 사나워졌다. 그 명령을 내리는 것이 자신의 좋아하는 것과 상반되면 백성들은 그 명령을 따르지 아니한다. 이 때문에 군자는 자기에게 선善이 있은 뒤에 남에게서 구하며 자기에게 악惡이 없는 뒤에 남에게 있는 것을 비난하는 것이다. 몸에 갖춘 것이 서恕가 되지 않고서도 남을 깨우칠 수 있는 사람은 있지 아니하다. 그러므로 나라를 다스리는 것은 그 집을 가지런하게 하는 데 있는 것이다.

《시경》에 이르기를, "복숭아의 아름답고 예쁨이여, 그 잎이 싱싱하도다. 이 아가씨의 시집감이여! 그 집안 식구 되기에 마땅하도다." 하였으니, 그 집안 식구에 마땅하게 된 뒤에 나라 사람들을 가르칠 수 있다는 것이다.

《시경》에 이르기를, "형 노릇 하는 데 마땅하고 동생 노릇 하는 데 마땅하다." 하였으니, 형 노릇 하는 데 마땅하고 동생 노릇 하는 데 마땅하게 된 이후에 나라 사람들을 가르칠 수 있다.

《시경》에 이르기를, "그 거동이 어그러지지 아니하므로 이 사방의 나라를 바르게 할 것이다." 하였으니, 그 아버지 됨과 아들 됨과 형 됨과 동생 됨이 본받을 만하게 된 후에 백성들이 본받는 것이다. 이 때문에 나라를 다스리는 것이 그 집을 가지런하게 하는 데 있다고 하는 것이다. 《대학》〈전 9장〉

4. 세계

세계는 국가가 확대된 개념이다. 유교에서 말하는 학문의 과정이 수신修身, 제가齊家, 치국治國, 평천하平天下이므로 유교의 최종 목적은 결국 평천하 즉, 세계평화를 달성하는 것이다.

유교에서 말하는 평화는 오늘날의 개념으로 말하는 평화와 다르다. 오늘날의 개념으로 말하는 평화는 전쟁의 반대 개념이지만 유교에서 말하는 평화는 이 세상에 살고 있는 모든 사람이 가족처럼 되는 것을 말한다. 모든 사람이 가족처럼 되는 것은 모든 사람이 각각 자신의 본질을 밝히고 하늘의 뜻을 따름으로써 모두 한마음이 될 때 가능하다.

세계평화가 이루어진 사회에서는 남과 나의 구별이 없으므로 남과의 갈등이 없다. 또 각 개인은 개체적인 삶을 사는 것이 아니라 하늘의 입장에서 전체적 삶을 살기 때문에 개인적 고뇌가 없는 이상적 삶을 영위하게 된다. 이러한 세계는 기독교에서 말하는 '에덴의 동산'과 같은 세계로 이해할 수 있다.

사마우司馬牛가 걱정하면서 말하였다. "남들은 모두 형제가 있는데 나만이 홀로 없구나." 자하子夏가 말하였다. "내가 들으니 '생사는 명에 달려 있고 부귀는 하늘에 달려 있다.' 하였다 군자가 경건한 마음을 가지면서 잃음이 없으며, 남과 더불어 있을 때 공손하고 예가 있으면, 사해四海의 안이 다 형제이니 군자가 어찌 형제 없음을 걱정하겠는가?"
《논어》〈안연 제5장〉

이른바 천하를 화평하게 하는 것이 그 나라를 다스리는 데 있다고 하는 것은, 윗사람이 늙은이를 늙은이로 대접하면 백성들은 효도하는 마음을 일으키며, 윗사람이 연장자를 연장자로 대접하면 백성들은 공경하는 마음을 일으키며, 윗사람이 외로운 사람을 불쌍히 여기면 백성들은 배반하지 아니하는 것이니, 이 때문에 군자는 척도로써 재는 방법을 가지고 있다.

윗사람에게서 싫었던 것을 가지고 아랫사람을 부리지 말며, 아랫사람에게서 싫었던 것을 가지고 윗사람을 섬기지 말며, 앞사람에게서 싫었던 것을 가지고 뒷사람에게 먼저 하지 말며, 뒷사람에게서 싫었던 것을 가지고 앞사람을 따르지 말며, 오른쪽에 있는 사람에게서 싫었던 것을 가지고 왼쪽 사람과 사귀지 말며, 왼쪽 사람에게서 싫었던 것을 가지고 오른쪽 사람과 사귀지 말 것이니, 이것을 척도로써 재는 방법이라고 일컫는 것이다.

《대학》〈전 10장〉

〔부록〕

도판 목록

사서오경四書五經 / 19
공자孔子 / 21
《소학언해小學諺解》 / 26
《대학장구대전大學章句大全》 / 27
맹자孟子 / 33
순자荀子 / 33
주자朱子 / 35
〈태극도太極圖〉 / 39
이윤伊尹 / 44
남자들이 처자들을 이끌고 하늘에 호소하다 / 47
공자를 위협했다가 풀어주는 광匡 땅 사람들 / 49
자공子貢 / 50
부암傅巖에서 성벽을 쌓던 부열傅說 / 53
〈복희여와도伏羲女媧圖〉 / 67
복희씨伏羲氏 / 73
〈복희팔괘도伏羲八卦圖〉 / 73
자장子張 / 75
기자箕子를 찾아간 무왕武王 / 78
점치는 사람을 가려 세우다 / 83
상나라 왕사王士들에게 성왕成王의 명령을 고하는 주공周公 / 87
요堯와 순舜 / 93
안회顔回 / 99
《성학십도聖學十圖》 중 〈경재잠도敬齋箴圖〉 / 109
《남명학기유편南冥學記類編》 중 〈경도敬圖〉 / 111
주돈이周敦頤 / 116
증자曾子 / 121
자로子路 / 122
패옥佩玉 / 123
유자有子 / 124
저울 / 127
먹줄 / 127
그림쇠 / 127
〈가묘도家廟圖〉 / 143
심의深衣를 입은 모습(흥선대원군) / 148
심의(앞) / 149
심의(뒤) / 149
사규삼四揆衫 / 151
배자背子 / 153
신랑집에서 신부집에 보낸 혼서婚書 / 155
전안례奠雁禮에 사용한 나무 기러기 / 156
시상屍床 / 160
멱목幎目 / 161
충이充耳 / 161
악수幄手 / 161
영좌靈座1 / 162
영좌靈座2 / 162
혼백魂帛 / 162

명정銘旌 / 162
관棺 / 164
칠성판七星板 / 164
영상靈牀 / 164
관冠 / 166
효건孝巾 / 166
최의衰衣 / 166
수질首絰 / 166
요질腰絰 / 166
교대絞帶 / 166
상장喪杖 / 167
신발 / 167
대여大轝 / 169
방상씨方相氏를 따르는 발인 행렬 / 170
방상씨를 따르는 발인 행렬 / 171
영악靈幄 / 171
부인악婦人幄 / 171
영거靈車 / 171
방상씨方相氏 / 171
하관下棺 / 172
분묘墳墓 / 172
조俎 / 184
보簠 / 185
궤簋 / 185
변籩 / 185
두豆 / 185
형鉶 / 185
효제충신孝悌忠信 / 189
태백泰伯 / 193
번지樊遲 / 194
성성猩猩이 / 199
언언言偃 / 201
자하子夏 / 207
노래자老萊子의 재롱 / 210
증석曾晳 / 211
금琴 / 212
슬瑟 / 212
공자를 모시고 앉은 자로, 증석, 염유, 공서화 / 219
충성스러운 열사烈士 신라新羅의 박제상朴堤上 / 223
후직后稷 / 226
설契 / 227
현단복玄端服 / 228
손님처럼 서로 공경하는 극결郤缺과 아내 / 235
공자孔子 / 245
요堯 / 247
구족九族을 화목하게 하다 / 249
순舜 / 250
기夔를 전악典樂에 임명하다 / 251
용龍을 납언納言에 임명하다 / 253
우禹 / 254
《하우치수도夏禹治水圖》 / 255
걸왕을 남소南巢로 추방하다 / 256
탕湯 / 257
하나라를 정벌하려 군사들에게 맹세하는 탕왕 / 258
문왕文王 / 260
태임太任 / 261
무왕武王 / 267
무왕이 맹진孟津에서 제후들과 크게 회동하다 / 268
무왕이 상나라 도읍의 교외郊外에서 맹세하다 / 271
주공周公 / 273
태공太公 / 273
소공召公 / 274
주공이 죄인들을 잡다 / 276

성왕이 금등金縢을 열어 주공의 글을 보다 / 277
성왕成王 / 278
공자孔子 / 279
태묘太廟에 들어가 예禮를 묻다 / 284
백이伯夷 / 288
유하혜柳下惠 / 289
재아宰我 / 290
염우冉牛 / 290
민자閔子 / 290
공자가 두 기둥 사이에 앉아 있는 꿈을 꾸다 / 293
공자의 사후에 제자들이 3년 동안 심상心喪하다 / 295
《주자증손여씨향약朱子增損呂氏鄉約》 / 297